JN086310

実体験で語る

「霊言の証明」

スピリチュアル・エキスパート座談会

幸福の科学総合本部 編

まえがき

幸福の科学では、大川隆法《おおかわりゅうほう》総裁が千回を超える公開霊言《れいげん》をされ、それらは、逐《ちく》一《いち》、書籍として発刊されています。その目的は、神が厳然と存在していること、そして、目には見えないが、この世の先に、もっと大きな世界（霊界《れいかい》）があることの証明にあります。

そもそも、世界宗教の多くは霊言（霊示《れいじ》）から始まっており、それらが『旧約聖書』『新約聖書』や『コーラン』等となっているという、基本的な宗教教養を知っていただきたいのです。

とりわけ当会の霊言集は、「人間の本質は魂《たましい》であり、この世を去って後《のち》、魂はあの世（霊界）で生き続ける」という真実の人生観を多くの人々に知らせたいという、純粋な動機から発信されているものです。

真の霊的人生観を持つことで、私たち人間は、「地上で生きている間の思いと行為の両面で、正邪《せいじゃ》が問われる」という厳しい現実を知ることになる一方、「努力は決して無駄にならない」という福音《ふくいん》を得ることができます。

まさに「霊言」は、人々を閉じた世界（この世）から開かれた世界（あの世）に解放するものであり、極めて公益性の高い、神聖なものなのです。

今回、座談会に参加した三名は、大川隆法総裁の弟子《でし》として数々の霊現象に立ち会い、自《みずか》らも実体験することで、主なる神のご存在と、人間の本質が魂（霊）であることを確信しております。本書は、われわれの霊的な体験談が中心ですが、読者のみなさまが、この霊的真実を受け入れる一助になれば幸いです。

最後に、このような機会をお与えくださった主エル・カンターレ、大川隆法総裁先生に、心から感謝申し上げます。

二〇二〇年　四月

幸福《こうふく》の科学《かがく》　副理事長兼総合本部長《ふくりじちょうけんそうごうほんぶちょう》　宇田典弘《うだのりひろ》

実体験で語る「霊言の証明」　スピリチュアル・エキスパート座談会　目次

まえがき　3

実体験で語る「霊言《れいげん》の証明」スピリチュアル・エキスパート座談会

二〇二〇年四月十一日　収録
東京都・幸福の科学総合本部にて

5　想念を言語化する能力とは　98

8 スピリチュアル・エキスパートに必要な修行とは

※本書は、二〇二〇年四月十一日収録の座談会に加筆をしたものです。
※文中で特に著者名を明記していないものについては、大川隆法総裁の書籍となります。

実体験で語る「霊言《れいげん》の証明」

スピリチュアル・エキスパート座談会

二〇二〇年四月十一日　収録

東京都・幸福の科学総合本部にて

司会

斎藤哲秀《さいとうてっしゅう》（幸福の科学編集系統括担当専務理事）

座談会参加者

宇田典弘《うだのりひろ》（幸福の科学副理事長 兼 総合本部長）

竹内久顕《たけうちひさあき》（幸福の科学メディア文化事業局担当理事 兼
アリ・プロダクション〔株〕芸能統括専務取締役《とりしまりやく》）

磯野将之《いそのまさゆき》（幸福の科学理事 兼 宗務《しゅうむ》本部海外伝道推進室長 兼 第一秘書局担当局長）

［発言順。役職は収録時点のもの］

序　霊言《れいげん》とはどういうものか

斎藤哲秀　それでは、「霊言《れいげん》の証明」について、当会を代表するスピリチュアル・エキスパートの三名にお集まりいただきまして、「座談会」を開催させていただきます。よろしくお願いいたします。

参加者一同　よろしくお願いいたします。

斎藤　初めに、導入として、「霊言とはどういうものか」について、改めて簡単に解説させていただきます。

霊言とは、「あの世の霊が、地上の人間の口を通して語り下《お》ろす現象」のことですが、入門レベルで言いますと、まず、自分自身に起きる霊言現象があります。

それは、自《みずか》らの心の扉が開いて、胸の奥から「潜在意識層の守護・指導霊の言葉」が声帯《せいたい》を通して伝えられるようになることですね。

さらに能力が上がってまいりますと、自分とは違う「あの世の霊存在」を肉体に入れて、語らせることができます。

この「自分とは違う霊」を入れる場合は、霊界《れいかい》にいる存在がすっぽりとチャネラーの体のなかに入って語ることになります。

ただ、霊界の世界というのは、『永遠の法』（幸福の科学出版刊）という書にも説かれているとおり、実に広大無辺《こうだいむへん》な世界でありまして、その霊的心境によって住む世界が違っていて、語る内容や口調など、善霊から悪霊まで、その個性の差はとても大きく、霊が入って語ると、チャネラーの人格とはまったく変わるのが特徴です。

通常は、あの世に還《かえ》っている霊が「霊言」を語るの

『永遠の法』
（幸福の科学出版刊）

ですが、幸福の科学では、まだ地上に生きている人の潜在意識と交流し、その人の人格の奥にある「守護霊」の霊言、すなわち「守護霊霊言」を収録して、「本心」や「本音《ほんね》」の世界を明らかにするということも行っています。

この上の段階になると、あの世の高級霊と呼ばれる存在と同通して交流し、いわゆる「教え」を含む霊示《れいじ》を降ろすことができるようになります。

過去の世界宗教でも、釈尊《しゃくそん》やイエス、ムハンマドなどが、こうした霊言の一部を経典《きょうてん》のなかに遺《のこ》されています。「霊言」と一口に言っても、こうした幅があるんですよね。

大川隆法《おおかわりゅうほう》総裁先生が霊言をされておりますが、現在まで「公開霊言シリーズ」として、すでに五五三冊の霊言の書籍が出ております。収録の回数にしますと、一〇六八回になりました（四月三十日現在）。

ただ、驚くことに、この一〇六八回以外にも、外部には公表していない「非公開霊言」「秘匿《ひとく》霊言」がございます。この秘匿霊言・リーディングの収録数も膨大になっておりまして、数千とも言われております。

さらには、今、申し上げているのは、二〇〇九年からの公開霊言を数えたものです。それまでの二十数年間でも霊言は行われておりますので、それらを含めますと、さらに膨大な収録数となります。その二十数年前の霊言については、主要なものは『大川隆法霊言全集』（宗教法人幸福の科学刊）として編《あ》まれており、全五十巻のシリーズとなっております。

歴史上の人物の霊や、現在活躍中の著名人などの守護霊を招霊した公開霊言シリーズは、550書を超えている（2020年4月現在）。そのテーマは宗教をはじめ、政治、経済、教育、科学、芸能など多岐にわたる。

1　幸福の科学の霊言《れいげん》について

幸福の科学の霊界《れいかい》通信はこうして始まった

斎藤　その「原点」ということで情報を共有いたしますと、幸福の科学には、一九八一年三月二十三日、「大悟《たいご》の日」という記念日がございます。大川隆法総裁が霊的《れいてき》に目覚められた日です。

これは、総裁が東京大学法学部をご卒業された年ですけれども、鉛筆を持つ手が生き物のように動いて、「イイシラセ、イイシラセ」というように、カードに書いたという歴史を聞いております。それは、日興上人《にっこうしょうにん》（日蓮聖人《にちれんしょうにん》の高弟《こうてい》）からの自動書記による霊界《れいかい》通信でした。そこから霊界通信がスタートしたわけです。

ただ、そのときは、「霊言《れいげん》」ではなくて、オートマチック・ライティング、つまり「自動書記」でありまして、声帯を使って言葉を出したわけではありませんでした。

しかし、その三カ月後の六月、当時二十四歳の大川隆法総裁先生に、イエス・キリストが降臨《こうりん》し、霊言というかたちで、外国の訛《なま》りで真実を語り始めました。

『太陽の法』（幸福の科学出版刊）では、「誠実で、力強く、愛あふれる言魂《ことだま》でした」と、そのときの霊言について振り返られています。

さらに、翌月の七月になりますと、大川隆法総裁先生の潜在意識の宝庫が開かれて、ゴータマ・シッダールタ、釈尊《しゃくそん》が古代インド語を伴いながら霊言をされ、大川隆法総裁先生が釈尊の魂《たましい》グループの中核の魂であること、総裁先生は再誕《さいたん》の仏陀《ぶっだ》であり、この地上に新しい世界宗教をつくっていく使命があることを語られました。

そのあとの五年半の間は、そうした霊能力を持ったまま、総合商社にお勤《つと》めになりました。つまり、霊界通信をしながら、ビジネスマンとしてお仕事をなされ

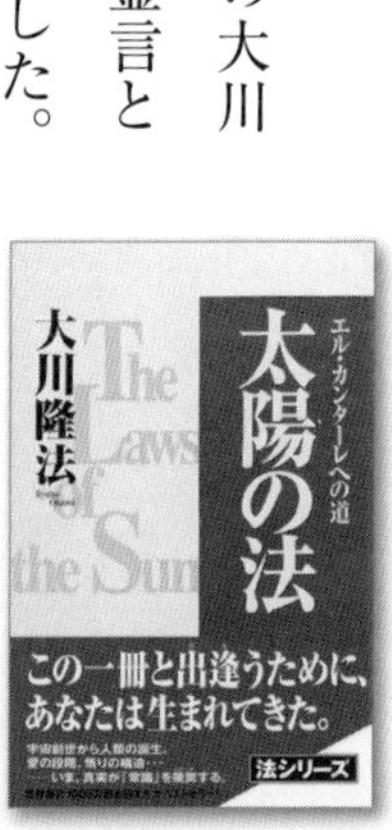

『太陽の法』
（幸福の科学出版刊）

ていたわけです。ニューヨークのワールドトレードセンターに勤務されている間も、帰国後、名古屋に転勤されてからも、高級霊と交流され、霊言を降ろされて収録を重ね、さまざまな霊現象の実証をされていました。

本日の座談会参加者の竹内久顕さんが主演した映画「世界から希望が消えたなら。」（製作総指揮・大川隆法、二〇一九年公開）でも、大学時代の下宿や名古屋で、高級霊と交流するシーンが描かれていました。

これが幸福の科学の霊言の原点です。以来、総裁先生は、霊言の回数を重ね、内容の質を確かめながら精《しょう》進《じん》を重ねられ、先ほどご紹介したような、確固とした実績を積み重ねてこられたのです。

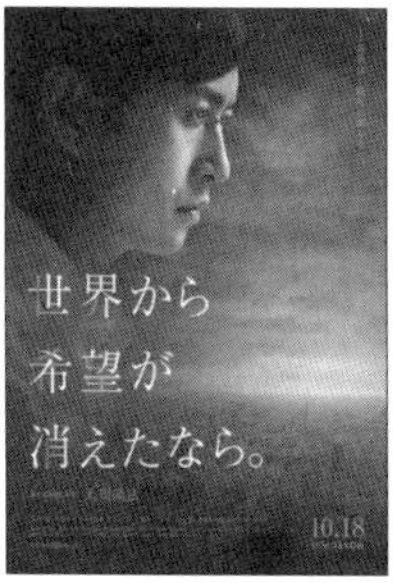

映画「世界から希望が消えたなら。」（製作総指揮・大川隆法、脚本・大川咲也加、2019 年公開）

大川隆法総裁の「霊言」の特徴とは

斎藤　ただ、近年、弟子《でし》の霊的な能力を開発され、大川隆法総裁がご自身に霊を入れるのではなく、弟子に霊を入れて語らせるという指導をされまして、いわゆる〝チャネラー〟としての仕事が出てきました。

これは、別な表現で言えば、「ミディアム」、「霊媒《れいばい》」ということでもあり、幸福の科学では「スピリチュアル・エキスパート」と呼んでおります。

そこで本日は、大川隆法総裁先生が四十年近くやってこられたお仕事の片鱗《へんりん》を実体験なさっている、三名のスピリチュアル・エキスパートの方々に、その体験から学んだ智慧や発見などを、ぜひお教え願いたいと思っております。

と申しますのも、こうした四十年に及ぶ実証がなされているにもかかわらず、大川総裁の長男・宏洋《ひろし》氏をはじめ、この霊言を、例えば「イタコ芸」であるとか、「本物ではない」と一方的に言う人も現れてきております。

そもそも〝イタコ芸〟という言い方にも問題があります。イタコというのは「青森県の恐山《おそれざん》のイタコ」が有名ですが、北東北地方で、代々、口寄《くちよ》せを行ってきた巫女《みこ》さんのことです。口寄せというのは、人生相談の延長のようなかたちで、亡くなった方やご先祖様の声を伝えたり、憑依《ひょうい》している霊の声を伝えたりするものですね。いわゆる「霊媒現象」「シャーマニズム」の一種で、れっきとした霊現象ですので、それを〝芸〟などと言うのは、イタコの方々にも失礼です。

さらに、巨大霊能者である大川隆法総裁の「霊言現象」と、そうした民間に伝わる「霊媒現象」には大きな違いがございます。

それは、イタコといった方々が降霊《こうれい》できるのが、亡くなったご家族やご先祖の霊、成仏《じょうぶつ》できずに迷っている霊など、身近な範囲に限られているのに対し、大川総裁の場合は、その範囲に限界がないのです。すなわち、神々や天使、菩薩《ぼさつ》といわれる存在をお呼びすることもできれば、地獄《じごく》の悪霊・悪魔《あくま》を呼び出すこともできき、さらには、政治家や思想家の霊や守護霊《しゅごれい》を呼んで、国際情勢や政治・経済について語らせることもできます。

どのような霊であっても呼び出して、本心を語らせることができる。これは、歴史上、類を見ない、極めて高度な霊能力であります。特に、「高級霊を降ろすことができる」ということ、「その内容に『高度な悟《さと》り』が含まれている。思想性がある」ということは、大きな違いと言えるでしょう。

また、大川総裁の場合、「霊言中、総裁の意識がはっきりしている」ということも特徴の一つであり、一部の霊媒現象のように、トランス状態になって意識を失うということはありません。それは、かかってくる霊よりも、総裁のほうが霊《れい》力《りょく》が強いために、霊に体を支配されることがないからです。

そのため、総裁は、①霊言の全体を見ている「導師《どうし》」と、②実際に霊を体に入れて語る「チャネラー（霊媒）」と、③霊人《れいじん》が語った内容について、その真否《しんぴ》や真意を解釈して判断を下せる「審神者《さにわ》」の三役を、お一人でこなすことができます。

これらは、高度な悟りを開いている人にのみ可能なことです。つまり、総裁は霊能者としての「器」の大きさが格段に大きいのです。そのような、根本的な違いがあるということですね。

それにもかかわらず、〝イタコ芸〟などと言って、本来、神聖なものである霊言を穢《けが》す者が出てきたわけですが（「徹底反論座談会」シリーズ〔幸福の科学総合本部編、幸福の科学出版刊〕等参照）、実際のところを知らない方のなかには、そうした間違った言説をそのまま受け止めてしまい、四十年に及ぶ霊界の実証の内容に対して、「本当はどうなのか」と疑問を持たれる方も出てくるかもしれません。

そこで、今日は、幸福の科学の霊言収録の秘密の背景や、スピリチュアル・エキスパートとしての実体験を踏まえた見識を語っていただきながら、霊的なるものの真実を探究してまいりたく思っております。

それが、今回の座談会の趣旨《しゅし》でございます。

「徹底反論座談会」シリーズ。左から『宏洋問題の「嘘」と真実』『宏洋問題「転落」の真相』『宏洋問題「甘え」と「捏造」』（いずれも幸福の科学総合本部編、幸福の科学出版刊）。

2 いかにして霊的《れいてき》能力を身につけたのか

入会前は、霊言《れいげん》を信じていなかった

斎藤　まず、お三方《さんかた》にお伺《うかが》いしたいのは、いかにして霊的《れいてき》能力を身につけられたのかということです。「ある日突然、霊的能力を得られたのか」、あるいは「生まれつき、そうだったのか」というところを、自己紹介を兼ねながら、お話しいただければと思います。

宇田典弘　では、最初に私のほうから。
私は、竹内さんや磯野さんとは違って、新卒ではなくて、外の会社で十年以上、ビジネスマンをやってから、出家《しゅっけ》を許されて入ってきました。それから宗教家として仕事をさせていただいているのですが、お二人のように宗務本部《●しゅうむ》の経験が長

●宗務本部　幸福の科学の総裁まわりの仕事をするセクション。男性スタッフも女性スタッフも、秘書機能を持ちつつ、本質的には霊域《れいいき》の結界《けっかい》を護る巫女《みこ》的な役割を担っている。

いわけでもなく、一瞬いただけです。

もともと特定の宗教を信じていたわけではなく、家内が最初に信者になって、知らないうちに本をいっぱい買ってくるから、私も読んでみたのですが、「すぐには信じられない」という立場だったんですね（一同笑）。

本当に一般的な人間だったんですよ。ただ、経典《きょうてん》を何冊も読み進めていくうちに、「これは本物だ」と確信するようになりました。

しかし、「心・魂《たましい》こそ自分の中枢《ちゅうすう》であり、それがすべてなのだ」と、頭では理解はしても、それを実感できるところまでは、全然行っていなかったと思います。

今、霊言《れいげん》を信じるか信じないか、多数決を取れば、信じない人が圧倒的に多いですよね。当時の自分も、信じるレベルではなかったと思います。

斎藤　そうですか。それは意外ですね。

宇田　しかし、出家して十年ぐらいのときでしたが、教えを実践しているうちに、相手の気持ちや考えが、少しずつ伝わってくるようになってきました。

「心を見つめる」という言葉は知っていましたが、総裁先生から「全然心を見つめていない」とご指導を頂いて、真剣に自分の修行《しゅぎょう》課題として受け止めたあたりから、「どうやって心を見つめるのか」と、少しずつ自分の心を掘り進んでいくようになりました。

幸福の科学の歴史は、初期に「霊言集」と、「四正道《よんしょうどう》（愛・知・反省・発展）を中心とした基本教義」が説かれ、そのあと「仏教理論」も補強されました。その後、しばらく霊言を出していなかったために、「大川隆法は霊言ができなくなった」というようなことを言う人が出てきたので、二〇〇九年以降、いま一度、「本物の霊言」を通して霊界《れいかい》の実証をすることになり、ここ十年以上にわたり、「公開霊言」というかたちで、合計千回以上の霊言を収録するようになりました。

ただ、先ほど申し上げたように、霊的なものを信じている人は少ないし、霊的な体験をしている人はもっと少ないわけです。多数決をしたら、絶対に負けてしまいます。

なので、私たちみたいな弟子が少しずつ増えてきたのも、「霊言の実証」の一助となるためかもしれません。

そもそも、霊言というのは、本当に神聖なものです。「人間の目には見えない世界があって、そこにはいろいろな霊人《れいじん》が住んでいて、いろいろな個性を持っているのだ」ということを、世の中の人に示すためにやっていることです。

決して営利目的ではありませんし、自分の能力をひけらかすためにやっているわけでもありません。それは、ぜひ知っていただきたいと思います。

作務修行《さむしゅぎょう》を通して流れた「法雨《ほうう》」

斎藤　宇田さんの経歴を見ますと、非常に、変わったと申しますか……。

宇田　変わっています。

斎藤　（笑）大阪大学の数学科で数学を勉強されまして、卒業されてからは、大手の金融機関に勤務されました。最近のある経済誌では、就職希望企業ランキングで総合一位の会社と出ていましたが。

宇田　ええ。

斎藤　「数学」の理系的な発想からすると、こうした「人文《じんぶん》の世界」や「霊の世界」とは非常に……。

宇田　対極ですよね。

●**四禅定**　仏教における、修行者が入るべき４つの禅定の段階のこと。幸福の科学の精舎《しょうじゃ》などでは、大川隆法総裁の誘導による四禅定（「せせらぎの瞑想」「風と雲の瞑想」「満月瞑想」「守護霊との対話瞑想」）が行われている。

斎藤　差が大きいように感じるのですが、それを〝埋めた〟部分として、「心を掘り進む」という話もありましたが、「四禅定《しぜんじょう》」という瞑想修行《めいそうしゅぎょう》を続けておられた時期もあったとお聞きしたことがあります。

宇田　そうですね。出家させていただいた直後に、総本山《そうほんざん》・正心館《しょうしんかん》に仮配属になりまして、当時の人事局長に、「当分そこで修行せよ」と言われました（一同笑）。

正心館では、朝、「四禅定」の実修があるので、取り組んでいたのですが、「ああ、気持ちがいいな。これが瞑想かな」という程度に捉《とら》えていたのです。まったく自分の「心」が分かっていないし、数学を勉強したこともあって、すっかり合理的な思考が身についてしまっていましたから。

斎藤　なるほど。

●総本山・正心館　栃木県宇都宮市にある、幸福の科学の初の総本山。エル・カンターレ信仰の中心地として、全国・全世界から多くの人が参拝《さんぱい》・研修・祈願等に訪れている。

宇田　まだまだ、神秘的なものを理解できない側だったと思います。

斎藤　それがなぜ、スピリチュアル・エキスパートになったのかというのは、少し疑問です。

宇田　私みたいな人間でも、霊的なものを信じるようになった事実が、逆に、世間の人には説得力があるかなと思いますので、正直にお話しさせていただくのですが、当会の精舎《しょうじゃ》という空間で、まず「作務《さむ》」などをさせていただいていたんですね。

斎藤　作務。現代的に言うと「掃除」のスタイルを通して、自《みずか》らの心を磨く修行ということですね。

●作務　僧侶が掃除などを通して修行すること。幸福の科学では、修行の一環として、精舎や支部などの祈願室・研修室、境内《けいだい》や近隣等を清掃しつつ、霊的磁場を整える時間を取っている。

宇田　そうすると、ビジネスマンのときに、人に対して厳しいことを言ってしまったり、間違ったことをやってしまったりしたことが、すごく思い出されて、「相手に謝らなければいけないな」という、今までにないような素直な気持ちが出てきたのです。

そうして二カ月ぐらい作務修行をしていると、本当に涙が出るようになったんですね。当会の経典にも、「反省すると法雨《ほうう》が流れるときがある」ということが書かれていますけれども、実際に自分で体験してみると、「自分の汚《よご》れた心が透き通ってくると、自分の本心が出てきて、そこは目に見えない世界とつながっていて、その奥のほうには仏様がいらっしゃる」ということが分かってきたのです。

このあたりから、総裁先生の説かれている「霊的な世界」というものが、少しずつ理解できるようになってきました。

瞑想《めいそう》指導で、無意識に手が動く霊現象を体験

斎藤　それで、あるとき、公開霊言の際に、大川隆法総裁先生が宇田さんを呼ばれまして、スピリチュアル・エキスパートを命じられたわけですよね。ご自身のお体に「霊を入れられた」という体験もあったと思いますけれども、それは、心を磨いていったら、あるとき、霊を体に受け止めることができたということなんですか。そのあたりの経緯を教えていただければ。

宇田　そうですね。私の最初の神秘体験としては、二〇一〇年に「『未来を観《み》るための瞑想《めいそう》』講義・修法《しゅうほう》」というのがありまして、職員が集められて、総裁先生による瞑想指導が行われたんですけれども、そのときに、「長生きできると思う人」とか「将来お金持ちになる人」などという問いかけに、自然に手が上がってしまったんです。

斎藤　へえ。

宇田　総裁先生は、「何人か手を上げているな」と思われたと思うのですが、たぶん、そのときに発見されたのかもしれません。

斎藤　霊反応を見たんですね。

宇田　そう、そう。あのときは、手を上げようと思って上げたのではなく、自然に手が上がって、自分でも「えっ」と思ったんです。それこそ演技ではなく、普通は、脳から「手を動かせ」と指令が行って上げるはずですが、そうではなくて、本当に、自然に無意識に手が上がってくるんです。そこで初めて、「現象」がありました。

斎藤　霊的現象として、自然に手が上がってしまったということですか。

宇田　そうですね。「長生きすると思いますか」と訊《き》かれたときに、スーッて。単純に、自分の守護霊が、「長生きする」と思い込んでいるだけかもしれないのですが。

斎藤　なるほど、そういうきっかけがあったんですね。そこで〝芽〟が出て、その芽から、だんだん能力が導き出されてきたという流れですね。なるほど。ということは、一気にバーンとはいかないんですね。

霊体質の人は「受け身」であるという共通点

竹内久顕　実は、宇田さんが霊道《れいどう》を開かれる前ですが、私は二〇〇五年に広報局にいて、当時、上司だった宇田さんから業務指導を受けていまして……。

斎藤　えっ、そうなんですか。

竹内　そうなんですよ。

宇田さんは、普段から、「今日は少し頭が痛い」とか「今日は何か来ているな」とか言っていました。「私は理系で、この世的だ」ともよくおっしゃってはいたのですが、部下から見ると、けっこういろんなものを〝受けて〟いて、たぶん、ご自身では気づいていなかったかもしれませんが、もともと霊体質の方であったように感じていました。

斎藤　無自覚ではあったけれど、〝霊的な才能もあった〟ということですね。

宇田　そうですね。たぶん、三人に共通しているのは、「受け身」であることなんですよね。自分から、ガーッといくというよりは、まず、人の意見を受けちゃうところがあって、たぶんそこが共通しています。

斎藤　なるほど。

目が痙攣《けいれん》して、目を開けていられなくなる

斎藤　では、竹内さんの場合は、どうでしたか。まず、簡単にプロフィールからお願いします。

竹内　私は二〇〇一年に出家させていただいたのですが、そのあとは、大川隆法総裁先生の秘書部門である宗務本部というところで、十数年にわたって聖務《せいむ》をさせていただきました。

霊道を開いた時期は、確か二〇一〇年六月だったと思います。沖縄の支部で「宇宙人との対話」というご説法《せっぽう》を賜《たまわ》り、そのなかで、私も「宇宙人リーディング」をしていただいたんです。ただ、直前まで、私も対象になるとは聞いていませんでした。

当時は二十代後半の若手だったので、先回りして支部に行っていたのですが、事前に言うと緊張してしまうので、ご収録の直前に、私も霊査《れいさ》されると聞きました。

それで収録が開始されて、私は二番目に霊査していただいたのですが、宗務本部では、「宇宙人リーディング」というかたちで霊査をするときに、本人が霊道を開けるかどうかを試すことがあります。

そのときも、最初、先生から「自分で話せる自信はありますか」と言われたので、私もできるかどうかは分からなかったのですが、「いちおう、やってみます」ということで、先生が両手を広げられて、霊的に護《まも》ってくださるなか、私は合掌《がっしょう》

●「宇宙人との対話」　2010年6月17日、幸福の科学・沖縄浦添《うらそえ》支部精舎にて公開収録。宗務本部の秘書2名と現地の支部信者1名の「宇宙人リーディング」が行われた。

をしていました。
それで先生が、「この者に宿りたる魂よ。もし語ることができるならば、この者の口を通して、自分はどこの星から来たものであるかを語りなさい」と語りかけられたのですが、最初の十秒ぐらい、目が痙攣《けいれん》するんです。初体験でしたが、ピクピクピクピクと。

斎藤　目が痙攣するんですか？

竹内　宇田さん、磯野さんも、こういったことってありますよね？　霊言のときって。けっこう、みなさんそうだと思います。目が、こう痙攣して……。

宇田　目を閉じちゃうよね、だからね。

磯野将之　目を閉じます。

竹内　開けられないですよね。

宇田　うん。

斎藤　そうなんですか。

宇田　総裁先生は、まったく次元が違います。目を開けたままされていますが、弟子は、やっぱり自然に閉じちゃうんですよ。「集中したい」っていう思いもあるんだけど、閉じちゃうんです。

竹内　あれは、どうなっているんでしょう。目がすごく高速で動くんですよ。普段、あのようには動かせないよね。

磯野　そうですね。そういう「霊動《れいどう》」は実際にあって。ちょっと脱線するかもしれませんが、総裁先生に霊反応が起きたときにも、高速で指が動くのを、私も目撃したことがあります。それは、脳からの指令で自意識で動かそうとしても、絶対に動かせない速さです。竹内さんがおっしゃっている、目がヒクヒクするというのは本当だと思います。

斎藤　例えば、レム睡眠のときには、眼球《がんきゅう》が高速回転することがありますが……。

竹内　あ、それに近いと思います。

斎藤　レム睡眠というのは、寝ている最中の話ですが、それが目覚めているときに起こるのですね。

初めは言葉がうまく出てこない

竹内　とにかく、それが初めての経験でした。

そのあと、合掌している手が、小刻《こきざ》みに揺れ始めるんですよ。先生のほうがその霊反応を見て、その場で「何か反応している」ということで、「もしかしたら霊言できるかも」となったんです。

でも、初めてなので、言葉はすぐにポンとは出てきませんでした。霊言も、すぐにポンポンとできるようになるわけではないんです。最初は、やはり「イエス・オア・ノー」ぐらいしか反応できないんですよ。

斎藤　シンプルな反応ですか？

竹内　そうなんです。何かこう、表面意識と潜在意識の間に亀裂《きれつ》を入れるようなんです。初めての体験で、少し亀裂が入っただけの段階なので、「何かが、かかってきているし、何か反応している」というのはあるのですが、ポンポンポンポンと言葉は出てこないんです。

そのときに、先生から、「『はい』か『いいえ』で言えますか」と、霊言に向けて徐々に感度が上がっていくようにご誘導いただきました。「男でしたか、女でしたか」と訊かれ、「女性です」と私のなかの霊存在が返答すると、先生より「はい、そうです。女性ですね」と言われる、という感じで進んでいきました。

先生は、もう全部視《み》えているのですが、われわれが霊道を開いてチャネラーとして仕事ができるように、少しずつ導いてくださったのです。

それで、言葉が出てくるようになったら、もう少し難しいことを訊かれるんですよね。すると、少しずつ言葉が出てくるんですよ。本当に不思議な体験ですけど。「自分がいるんだけど、いない」というか、自分は少し後ろにいて、何かが

●リエント・アール・クラウド　地球神エル・カンターレの分身の一人。約7千年前に古代インカの王として生まれた。現在、天上界において、宇宙と交流する部門の責任者をしており、「宇宙人リーディング」等で指導霊を行うことが多い。『太陽の法』『公開霊言　古代インカの王 リエント・アール・クラウドの本心』(共に幸福の科学出版刊)等参照。

ずっと語っていて、自分では思ったこともないようなものが出てくるんです。

そのときは、先生が「リエント・アール・クラウドの名において、この者の出自を教えたまえ」とおっしゃって、調べていただいたのですが、結局、「五億年ぐらい前の記憶が出てきている」ということでした。

磯野　金星時代の……。

竹内　五億年前というと、私が覚えているわけがありません。

だけど、そのときの金星の建物の感じとか、その建物が持っている力のようなものを、映像で、実感を持って感じたんです。

最後に、「過去世《かこぜ》は思い出せますか？」と言われたのですが、自分の意識では、「分からない」と思って、一瞬、「分からない……」と言葉が出てしまったんです。

だけど、そのあと、自分のなかで「分かる」という感じの反応があって、「分か

●**金星時代**　幸福の科学の霊査によると、太古の金星には高度な知性と優美さをたたえた文明が栄え、他の惑星とも宇宙船で交流できるほどに進化していた。「宇宙人リーディング」によって顕《あらわ》れた竹内氏の魂の記憶は、金星人であったときのものだった。『太陽の法』参照。

る……」と言い始めたんです。これは、明らかに〝私〟ではないんです。

斎藤　「分からないという自分」と、「分かるという自分」が、同時にいるんですか？

竹内　はい。そうしたら、明治維新のころに生まれていると、その霊存在は語り、私は自分で霊言を聞きながら「えー、そうなんだ」と思って。突然、「侍《さむらい》」として生まれていたと言っていたんですけど、そのとき、私は名前までは出てこなかったんです。

宇田　うん。

竹内　そうしたら先生が、「（新撰組《しんせんぐみ》の）沖田総司《おきたそうじ》だろう」とおっしゃって、自分でも驚きました。

霊言をすると、経験したことのない脱力感に襲われる

竹内　そうして初霊言が終わったのですが、終わったときに、不思議なのですが、経験したことのない脱力感……、すごいですよね。

磯野　それ、毎回というか……。

宇田　すごいよね。あれね。

斎藤　脱力感があるんですか？

宇田　「ああ、もう何もしたくない」ぐらいの状態。放心状態。

磯野　脱魂《だっこん》に近い。

竹内　脱魂ですね。

宇田　まあ、味わったことのない疲労が来る。

磯野　まったくそうですね。肉体的な疲労とは全然違う。

竹内　霊言は、わずか十五分か二十分ぐらいだったのですが、初めての体験でもあったので、あまりに疲れてしまって、ピンマイクを外すのがしんどいんですよ。なので、隣にいたスタッフに、「ちょっとピンマイクを外して」と言って外してもらって。

私のリーディングは終わって、先生は次の方の霊査をされていたので、私は座っているだけなのですが、何かもう放心状態というか。

その後、帰り際に、当時一緒だった宗務本部のスタッフと、空港で沖縄名物の一つのソーキそばを食べようと思ったんです（笑）。ところが、一口目を食べた瞬間、力が出なくなって食べることができないんですよ、ソーキそばを。食べる気力を失ってしまって。

欲しかったのは、「あんこ」と「栄養ドリンク」みたいな。

磯野　それは分かります。

竹内　分かります？

磯野　終わったあとは、とにかく「甘いもの」とか。

竹内　「栄養源」が欲しい。

宇田　欲しいね。

竹内　帰りの飛行機も、あんなに爆睡したことはないというぐらい寝ました。

そうしたら京都の池田屋●の夢を見て。何か斬られた人が目の前にいっぱいいて、そのなかで、倒れている人たちが見えてきて。

夢なので、本当にあった光景かどうかは分かりませんが、そういう体験をして帰ってきたことがありました。

ただ、霊言を行《おこな》ったあとの、あそこまでの疲労感は、その後はなく、チャネラーの聖務を何回か重ねるうちに、ダメージは少なくなりました。

●池田屋　幕末において、長州藩士の定宿だった旅館のこと。1864年6月、池田屋に潜伏していた長州藩などの尊皇攘夷《そんのうじょうい》派の志士たちを、新撰組が襲撃するという事件が起こった(池田屋事件)。

霊言に事前準備はない

宇田　霊言は事前告知なしで収録するので、宏洋《ひろし》氏の言い分は間違いで、事前に勉強しておいた知識も何もないんですよ。

斎藤　突然言われるわけですね。

宇田　それは、今の竹内さんの話が証明になっていると思います。本当にいきなりなんで。

斎藤　準備できずに、そのままいきなり？

宇田　自分の頭とか記憶にはないので。事前に勉強していないわけですよ。

竹内　そうなんですよ。ちなみにそのとき、私、予言的なことを言っているんです。

あのときに、「未来において芸能系のプロジェクトの使命がある」って言っているんですよ、霊言で。

斎藤　そのときですか。十年前ですよね。

竹内　十年前。

磯野　「美の法門《ほうもん》」が説かれる前です。

宇田　霊のほうは使命を知っていたという。

●美の法門　2011年9月22日に収録された法話「美について考える」を皮切りに、「美」に関する数々の法話、霊言が収録された。『美について考える』（宗教法人幸福の科学刊）等参照。

竹内　自分の意識では分からないですから。自分で言ったら恥ずかしい話ですし、しかも外れると思います。

しかし、意図《いと》せず、いつの間にかこうなっているので、やはり「霊言は本物だ」と思います。何と言うか、「霊言は、自分の意識ではない者が語っている」というのは実感しています。

斎藤　今は、映画の総合プロデューサーをやって、歌を歌って、演技もされてと、芸能系で大活躍されているわけですが、当時は、自分のなかで「やりたい」という思いはあったんですか。

竹内　映画製作への思いはあったのですが、むしろ、その思いを消さなきゃいけないと思って、修行をしていました。

磯野　総裁先生の霊的生活のお邪魔《じゃま》になりますので、宗務本部は自分の願望を強く出さないよう、「心の調和」が求められる部署なんです。

竹内　自分の夢や欲が出て執着《しゅうちゃく》してしまうと「生霊《いきりょう》」になってしまうので、基本はもう、願望とかは滅却《めっきゃく》して、主をお護りすべく、奉仕に生き切ることを目指していました。

子供のころから霊的な体験はあったのか

斎藤　そういう霊的な体験は、「実は、小さいころからあった」とか、そういう話はあるんですか。

竹内　あ、体験はしていました。中学生のときとか。

●生霊　一般には、生きている人間の霊魂《れいこん》が肉体を抜け出してさまよい、障りなどを起こす存在と考えられている。幸福の科学の霊査では、地上の人間の強い念い（表面意識部分）と、本人の守護霊（潜在意識部分）とが合体したものとされる。『生霊論』（幸福の科学出版刊）参照。

斎藤　やはり、小さいときから、そういう片鱗《へんりん》はあるんですね。

竹内　片鱗は、「声が聞こえる」とか、「金縛《かなしば》り」とか。みなさん、ありますよね。

宇田　金縛りはありましたね。子供のころから。

斎藤　ただ、そういう霊体質的なものがあったとしても、どう対処したらいいかは、学校教育では教えてくれないですし。

宇田　別に、誰にも言わないことだから。今思えば、そういう体験があったな。うーん。でも、誰でもあるんだろうと思っていたんで。

幸福の科学の修行《しゅぎょう》の目的は、霊道《れいどう》を開くことではない

竹内　それに、幸福の科学の出家修行《しゅぎょう》では、霊道《れいどう》を開くことを修行目的にしていないので。

磯野　してないです。

竹内　宗務本部にいても、どちらかというと、心を正して欲を滅却して、自分の傾向性を見つけ、教えに合わせて、自分の本当に深い部分を反省して、修行していく……。

宇田　そうそう。「心を磨くのが仕事」っていうことは、出家して何年かたって、やっと分かったという感じです、私なんかは。

具体的な成果を出すことが仕事だと思っていたんだけど、何年もかけて、心を磨くのも仕事だと分かりました。

竹内　だから、みんな、超能力を得るために修行しているわけではないので。

磯野　してないです。本当にしてないです。

竹内　だから宏洋氏が言うように、何か〝霊道を開くことがステータス〟というようなものではないです。

宇田　そういうのは、「付随《ふずい》してくるもの」であって、どちらかというと、別に望んだわけではないですよね。

竹内　そうなんです。

斎藤　お話を聞いていても、全然望んでいる感じがしませんね。

宇田　総裁先生のように、地上にいながら超高次元と常につながっている、それこそ〝歩く霊界のマスター〟のような方がいらっしゃるから、われわれは、「付随する体験をさせていただいた」というぐらいの位置づけにすぎません。

斎藤　やはり、大川隆法総裁先生の巨大な悟《さと》りに〝磁化《じか》〟されていくという感じですか。

宇田　そうそうそう。強烈な霊的磁場《じば》ができて。

斎藤　その環境のなかで、才能が開発されてきたと。

宇田　その渦《うず》のなかに入ると、そういう体験をする人が複数、何人か出てきて、たまたま自分がそうだったというわけで。

竹内　ですから、われわれ三人とも、霊道を開くために、目的的にやっているわけではないですし、幸福の科学は霊道を開くための教団でもないですし、むしろ、「正しき心の探究」をして、「救世運動のために、自分に何ができるか」をやっていくなかで、たまたまそういう役割が与えられたと。

磯野　副次的なもの。

竹内　宏洋氏は、それをなぜか、霊道を開くことが「宗教の目的」であるかのような、何か、〝スーパーマン信仰〟みたいな……。

磯野　そうです。彼は、もしかしたら、「霊言ができることが、二代目の要件だ」と考えているかもしれませんし、「霊言の内容が幸福の科学の教義だ」と誤解しているところがありますが、霊言は教義そのものではありません。

斎藤　その意味では、宏洋氏は、霊的能力に関する教義を、完全に間違えて理解していますね。

自然に手が震《ふる》えて、上に上がってきた

斎藤　では、磯野さんの場合はどうでしょうか。

磯野　私も、竹内さんのように、自分の「宇宙人リーディング」のときが、最初

の体験でした。

これも本当に、直前に言われて、事前告知はありませんでした。突然に「こういう収録をします。宗務にいる何人かについてリーディングをします」と連絡が来まして、私は最初、被験者《ひけんしゃ》だと思ったので先生の前に座っていたら、先ほどの竹内さんみたいに、先生から「精神統一はできそう？」と訊かれて、「やってみます」という流れになりました。

最初は、たぶん先生が光を入れてくださっていたと思うのですが、手が震《ふる》えてきて……。

斎藤　手が震える？

磯野　これ、本当に自然に手が震えてきて、手が上がってくるという経験をしました。自分でそういうふりをしようと思ってやっているわけではないのに。

宇田　ないよね。

磯野　（笑）そんなことをしても何の得もないですし。

自分が視《み》ているビジョンと、総裁の視ているビジョンが一致

磯野　それで、先生が「この者の心の奥に住みたる宇宙人の魂よ」という感じで呼び出されたところ、「何か、動くかもしれない」となって、「柏手《かしわで》を打ちたがっているような感じがする」とおっしゃいました。

実際、私は柏手を打つところまでは行かなかったのですが、「今、何か視《み》えますか」というところから始まりました。

最初は、竹内さんがおっしゃるように、言葉がスラスラ出てこず、目も閉じていたので、まぶたの裏に浮かぶ映像を言葉にする感じでした。

この話は会内経典で頒布《はんぷ》されていますけれども（『主の使命を支える宇宙人』〔宗教法人幸福の科学刊〕参照）、目をつぶっていると、真っ暗なところにいるのですが、よくよく視ると、どうやら宇宙船のなかから宇宙空間を視ているような映像があって、さらに視ていくと、鏡に自分が反射して映《うつ》っているので、「あ、男性だ」とか、「どこにいますか」と訊かれて、「宇宙船のなかの、コントロールタワーみたいなところにいそうだ」とか、「ほかの人の姿は視えませんか」というやり取りをしました。

私も、それが、「自分が想像して言っているのか、本当に宇宙時代の魂が視て言っているのか」は、正直に言うと、そのときは半信半疑でした。〝初めて〟のことで何も分からなかったので。

まだ、自分が言っていることに確信が持てなかったのですが、髪の毛について訊かれたときに、「髪が短い」と思ったら、先生が、「頭の後ろに刈り上げが入っているから、長い髪ではないような気がする」とおっしゃって、先生が視ているビジョンと、自分が視ているものが一致して、「確かにそうだ」と思いました。おそらく同じビジョンをご覧になっていたわけで、「あっ、間違っていないのかな」と思いました。

自分が想像しているだけなら、先生が同じことをおっしゃることはないでしょう。先生がマインドリーディングをして、私の想像をキャッチしているかもしれませんが、先生は別に私に合わせる必要はありませんので。

そもそも、宇宙人リーディングは、別に、見世物のためにやっているものではなく、あくまでも、「宇宙人は存在する」ということを探究するためにしているものですし、「今、地球人として生きている人間も、過去は地球以外の星を転生《てんしょう》して、魂修行をしていた」という魂の歴史を証明するためにしているものです。

その意味では、先生が私の想像に合わせる必要はまったくないわけです。

自分の想像力を超《こ》えた映像が視えた

磯野　そのあと、リーディングが進んでいって、印象に残っていることがあります。

地球に到着する際、アフリカの北のあたりの、エジプトらしきところに到着した映像が視えていて、それをお話ししていたら、先生から、「年代的にどのくらい前か」「目の前に、電光掲示板《でんこうけいじばん》のように、年数とか、そういうものが出ませんか」というご質問を頂きました。すると、目を閉じていたのですが、何か右下のあたりに数字がパーッと出てきて、「七〇〇〇、八〇〇〇」っていうのが出てきたんですね。

斎藤　視界のなかに？

磯野　視界ですね。それで、視えたまま、「なんか、七千とか、八千とか」と答えました。それが今から七、八千年前という意味なのか、それとも、紀元前七、八〇〇〇年という意味なのかは、分かりませんでした。

　すると、先生は、「エジプト文明の初期のころに当たります」と説明されました。当然、私はそんな知識は持っていません。

　もう一つ不思議に思ったのは、地球に向けてベガという星から出発する時代に時間を巻き戻して、エジプトの時代からシーンがバーッと変わって飛ぶところがあるのですが、そのときに、空中に浮かんでいる高層ビルの上のほうにＵＦＯが離発着できるところが視えてきたんです。

「ベガ星がどのような星か」に関する情報は、今でこそ、幸福の科学では詳しく明かされていますが、この世的には資料や文献はほとんどないと思いますし、ベガ星を描写したものもないと思います。だから、もし、私が単なる想像でそうしたものを視ていたとしたら、私は、そうとうに想像性がたくましい人ということ

●ベガ　琴座《ことざ》にある一等星。幸福の科学の霊査によると、ベガ星系には高度な科学技術を持つ文明が栄えている。『ザ・コンタクト』（幸福の科学出版刊）等参照。

とになります。しかし、私はそういうタイプではありません。

そのあと、さまざまな宇宙人リーディングを重ねていって、ベガ星は地球よりも科学が一千年は進化していることが分かりましたから、そういう未来都市があるというビジョンは、今考えても、ありえるなと思います。

斎藤　そのときには、先生が手を回して、時間の流れを逆転させる動作をしていたのですが、磯野さんは目を閉じていたので、「そのことを知らなかった」ということですね。

磯野　知らないです。

斎藤　知らないで、心のなかで、「画像だけが動いていった」ということですか。

磯野　そうですね。たぶん、先生が手を回す動作をされたときに……。

斎藤　それは、あとで本になってから分かったんですか。

磯野　そうですね。

斎藤　そのときには分からなかった。

磯野　先生は言葉で、「宇宙船に乗る前の世界」とおっしゃっているのですが……、そのときは先生がそうした動作をされていることは分かっていなかったです。

斎藤　では、心のなかの世界と、総裁先生の指導が……。

磯野　リンクしている……。

斎藤　意識せずに、リンクしたということですね。

磯野　そうですね。

三帰誓願《さんきせいがん》後に、涙が止まらなくなったのが最初の霊体験

斎藤　こういう才能は昔からあったんですか。

磯野　いや、「ない」と思います。私の父親が、初期に霊言が発刊されたときに読者だったので、私も先生の霊言は読んでいたのですが、「ああ、こういう世界もあるんだな」ぐらいの印象でした。霊界を否定するほどではありませんでした

が、実はすぐに信者にならなかったんです、父も私も。

斎藤　すぐにはならなかった（笑）。

磯野　別に疑っていたわけではなくて、当時は八〇年代後半から九〇年代の初めごろで、支部もまだそんなにない時代だったと思います。

私は九州出身ですが、九州も、たぶん一つ支部があったぐらいの時期です。私が住んでいた所には支部がまだなかったんです。

まあ、当時は、父がまだ信じるような心境になっていなかったのかもしれませんが。

私が三帰《さんき》したのは、父が亡くなったあとの一九九七年です。

父は、生前に信者になっていたのですが、支部の信者のみなさんに、ものすごくお世話になりました。それで、お礼参りに行こうということで、母と私とで支部にお伺いしたんです。

そのときに、支部長に伝道されました。今でもはっきり覚えていますが、私は当時、進学校の高校に通っていたので、けっこう頭が固くなっていて、「あの世なんて、どうやって証明できるのですか」みたいなことを言う、少し変なやつだったんです。それでも、支部長が根気よく伝道してくださいまして、三帰誓願《せいがん》することを決めました。

それで三帰したときに、信者さんたちの前で、そのときの感想をスピーチさせていただいたんです。そのときに、なぜか涙がバーッと流れてきました。信者のみなさんの多くも体験されていると思いますが、表面意識で泣こうと思って泣くのではなく、光が入ってきて、どうしようもなく、胸の奥から涙が溢《あふ》れ出してくるという経験をしました。たぶん、それが、私にとって初めての霊体験だったと思います。

●三帰誓願　「仏《ぶつ》（仏陀）」「法《ほう》（仏陀の説く教え）」「僧《そう》（僧団）」の三宝《さんぼう》に帰依《きえ》する誓いを立てること。真剣な信仰心を持って勉強し、教団を本気で支える信者となることを誓う。

斎藤　体験によって、理性的な考え方を突き破ったわけですね。

磯野　そうですね。

そのあと、支部では『大川隆法霊言全集』が頒布されていましたので、拝受《はいじゅ》して教学をしたり、「霊人直伝《じきでん》メッセージ公案」などに取り組んだりしているうちに、光の体験というか、インスピレーションを受ける経験をしました。

それまでは、この世的な人間だったのに、幸福の科学に入ってからは、そういう霊的体験をさせていただくようになりました。

斎藤　なるほど。かつて「霊界を実証できるのですか?」と訊いていた側が、今、スピリチュアル・エキスパートとなって、逆に「霊界を実証する側」になるという、極めて珍しいタイプのミッションを持たれているわけですね。

●霊人直伝メッセージ公案　『大川隆法霊言全集』(宗教法人幸福の科学刊)の発刊に伴い、大川隆法総裁が、各巻に登場する霊人からのメッセージを公案(悟りを深めるために参究する智慧の言葉)のかたちで降ろしたもの。

磯野　そうですね。

自分の心に映《うつ》っている映像が総裁には視えている

宇田　今のお二人の話を聞いていていて思い出していたのですが、私も最初に霊言のようなことをしたのは、やはり「宇宙人リーディング」でした。

斎藤　共通していますね。

宇田　最初に出てきたのは、レプタリアンだったじゃないですか。「レプタリアンの逆襲」というタイトルで、私と、あと二人を合わせて、三人並べられて収録したんです（『レプタリアンの逆襲Ⅱ』〔幸福の科学出版刊〕

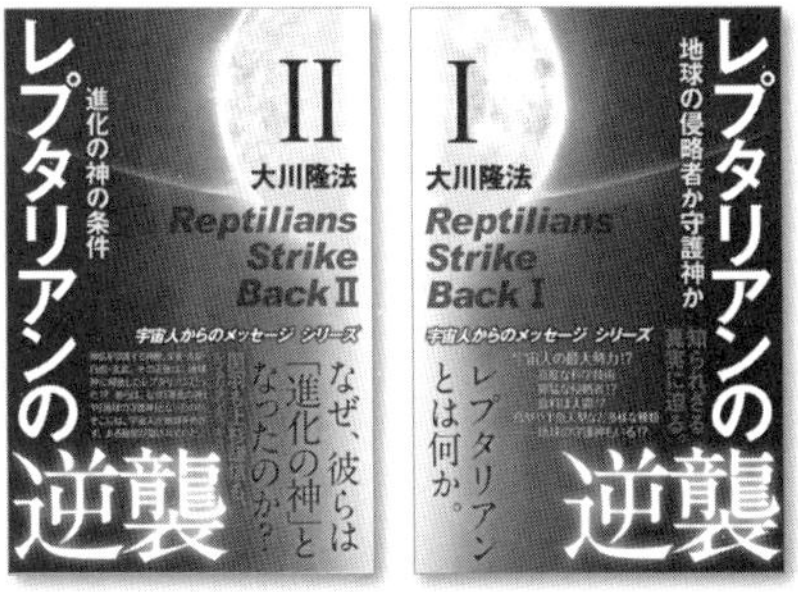

右から『レプタリアンの逆襲Ⅰ』『レプタリアンの逆襲Ⅱ』（共に幸福の科学出版刊）。レプタリアンとは、一般的に爬虫類的な特徴を持つ宇宙人の総称。「力」や「強さ」を重視し、攻撃性、侵略性が強い。

参照)。

ほかの二人も〝キャラ〟が立った人たちですが、先生が、「もしかしたら、三人のうち一人は霊言ができるかもしれません」とおっしゃって、「まさか自分じゃないよね」みたいな感じでした。一人は宗務本部長の経験者だから、おそらくその人だろうと思っていたら、「私じゃないか」という話になりました。

それで、そのときに、先ほど磯野さんがおっしゃったのと、ほとんど同じ体験をしました。

斎藤　あらっ。同じ体験ですか。

宇田　自分では、昔から水のなかにいると心が落ち着く性分《しょうぶん》でした。

斎藤　(笑)

宇田　それで、「どのような姿形をしていますか」という質問があって、「何か言いたくないいな」と思ったら、先生が霊視《れいし》して、具体的に描写され始めました。目が飛び出しているとか、半魚人だとか。あとで哲秀さんにデッサンを描いていただいたとおりで、「私の心に映《うつ》っている映像が、全部、先生には視えているのかな」という感じがしました。

斎藤　なるほど。心の映像は、肉眼では見ることができないのですが、総裁先生は、完全に把握されていると。

宇田　ええ、視えていて。先生は言葉が豊かな方なので、それを描写されると、「ああ、そのとおり」という感じなので。

おそらく三人共通しているのは、霊的な能力は、先生に導かれて開花させていただいたもので、決して自力だけで得たものではないというか。仏教の禅宗《ぜんしゅう》では「●啐啄同時《そったくどうじ》」という言葉があるように、やはり、マスターである先生がいらっしゃるから、少し霊的な部分が開花しただけであって、自分で全部身につけたわけでは全然ないんです。

斎藤　なるほど。コツコツと宗教修行や自己変革を重ねていくなかで、卵の外から親鳥がチョンチョンと突くような感じで、雛《ひな》が外に出られるようにしたという感じですね。

宇田　ええ。そうです。

斎藤　つまり、ご指名を受けて、「どうですか。やってみませんか」というかたちで、霊的な能力を開発されてきたという流れですか。

●**啐啄同時**　臨済宗《りんざいしゅう》で最も重要とされる、禅の公案を集めた『碧巌録《へきがんろく》』にある禅語。悟りを得るときには「本人の自助努力」と「それを助ける他力」の両者が伴うことを、卵から孵《かえ》ろうとする雛《ひな》と親鳥《おやどり》の比喩《ひゆ》で表している。

宇田　そうだと思います。三人共通です。

竹内　はい。そうです。

リーディング中、丹田《たんでん》あたりから声が響いてきた

宇田　磯野さんの話を聞いていて思い出したのが、私や竹内さんが「新入局員リーディング」のチャネラーをしたときのことです。

斎藤　ありましたね。

宇田　ある女性の新入職員が被験者として出てきて、その人の霊を私に入れて話したことがあります。そうしたら、明らかに、これはすごい女性霊だと分かった

んです。そうしたら、総裁先生は「名前があるだろう?」とおっしゃいました。そのとき、僕の心には、明らかに「〇〇観音《かんのん》」と聞こえていたんです。

斎藤　心のなかで聞こえたんですか。

宇田　耳ではないですよ。そう、それは。

斎藤　心の奥。

宇田　そうです、そうです。このへんが響く(丹田《たんでん》あたりを指す)。

斎藤　丹田あたりから。はあ……。

宇田　ここから、こう、体を伝って、聞こえてくる感じです。

磯野　耳ではなく、本当に〝内側〟からですね。

宇田　響いてくる感じなんです。

斎藤　響く？

宇田　それで、有名な観音様だったから、一瞬、疑ってしまったんです、自分を。

斎藤　はあ。

宇田　「本当かな」って。そうしたら、総裁先生が、ずばり、「○○観音だ」って言われたんですよ。ということは、先生に聞こえている声と、私が聞いた言葉が同じだったということです。

総裁の導きによって霊言は成り立っている

斎藤　「何々観音だ」と分かった言葉は、口に出していなかったんですか。

宇田　出していなかったですよ。

総裁先生も最初は、いろんな高級霊がかかってきたときに「本当かな」と思われて、何年も調べられたという話があるじゃないですか。私と先生とは、まったく次元は違いますが、「あの有名な観音様が、本当にこの女性なのかな」とは思いました。そのご本人を直接知っていますし、そのお父さんと私は個人的に仲が良いので、「まさか」みたいな（笑）。

それで、名前を言うのは控えようかと逡巡《しゅんじゅん》していたら、先生がズバッと答えを言われた。

斎藤　驚きましたね、それは。

宇田　ええ、ですから、「本当に客観性がある」ということを、お話ししたかったんです。

斎藤　なるほど。

宇田　本当に、天地神明《てんちしんめい》に誓って正直に言っています。

磯野　それはそうです。ここの三人とも、嘘はついていません。

宇田　本当に同じものが視え、同じものが聞こえていて、おそらく先生には全体像が視えておられます。われわれ弟子は、〝その一部を視ている〟だけにすぎないと思うんです。ただ、同じものを視ているときもあります。

それを指摘されると、私たちも少し不安な気持ちから解放されるので、「もう少し自由に言っていいかな」と思うようになり、少しずつ話ができるようになります。すべて、お導きなんです、はっきり言って。

3 霊言《れいげん》には表面意識とのギャップがある

霊が入ると、普段絶対にしないことをやり始める

斎藤　「女性霊《れい》」と「男性霊」というのは、霊として入れたときに分かるものなんですか。

竹内　霊言《れいげん》が演技ではないことの証明としては、磯野さんがスピリチュアル・エキスパートとしてチャネラーを務めた「ローラの霊言」が、いちばん参考になるのではないかと思います。

斎藤　モデルでタレントの、ローラさんの守護霊《しゅごれい》を呼び出した公開霊言ですね。

●磯野さんと竹内さんが、チャネラーを務められた（『ローラの秘密』〔幸福の科学

●磯野さんと竹内さんが……　2015年1月26日に収録された、モデルでタレントのローラさんの守護霊霊言では、竹内と磯野が順番にチャネラーを務め、霊人の個性の一貫性を検証した。

出版刊〕参照）。

竹内　そうなんですよ。私や宇田さんは、どちらかというと、恥ずかしがらずにやれるタイプだと思うんです。

宇田　慣れてくるとね。本当にもう自分を解放しちゃうんです。

竹内　でも、普段の磯野さんは九州男児ですから、決してローラのようなキャラというのは、恥ずかしくて演じられないはずです。

磯野　しないですね。

『ローラの秘密』
（幸福の科学出版刊）

竹内　「ものまねして」って言っても絶対やらない。

磯野　やらないです。やらないですよ。

竹内　そういうタイプの磯野さんが、急に若い女性っぽくなって話し出して。

磯野　アッハッハッハ（笑）。

竹内　あれは、霊言の証明になるんじゃないかって。

磯野　以前、「ヤング・ブッダ」（幸福の科学で発行している若者向け布教誌）の特集記事で（二〇一五年二月号）、今人気の女性タレントとして、ローラさん、綾瀬《あやせ》はるかさん、北川景子《きたがわけいこ》さんの三人を挙げていて、関心を持たれた総裁先生が、守護霊霊言を企画されました。

ローラさんは「天然」と言われるような個性的なキャラクターの方でしたので、さすがに、「ローラの守護霊霊言だけはやらないでください」と弟子《でし》のほうで言っていたのですが、先生は好奇心旺盛《おうせい》な方なので、結局、霊言を収録することになりました。ただ、先生の代わりに、竹内さんと磯野をチャネラーにしてやろうという話になったんです。

それで、最初に竹内さんがローラの守護霊の霊言をされて、そのあと、交代して、私に入れました。

すると、やっぱり、言っていることの内容は一致していて、表れ方に多少の差はあったとは思いますが、言っている内容や個性には一貫したものがありました。

竹内　磯野さんは本当に九州男児で、真面目《まじめ》なタイプの方なんですよ。立派な方なんですが、その彼が、ローラさんの独特な「ＯＫポーズ」をやるわけです。普段、あれをやってくれと言っても、絶対にやらない人にもかかわらず。

磯野　やらないですよ。

霊言では想念をキャッチして反応する

磯野　そのとき不思議だったのは、確か質問者の一人が、「ローラさんの証明のために、あのポーズをしてもらえますか」と言ったのですが、実は、質問者が言葉を発する前に、想念的にそれをキャッチして、質問者が〝発言した瞬間〟にOKポーズをしているんですよ。映像を観《み》たら分かると思うんですが。

斎藤　鼓膜《こまく》で反応しているわけじゃない。

磯野　音声で聞いて、「OK」ってやっているわけではなく、質問者が言葉にしようとしている思いを、ローラの守護霊がキャッチして。

斎藤　思念を受けて体が反応しちゃった。

磯野　質問者が「あのポーズをやってください」と言ったら、もう〝コンマ何秒〟です。即時に「ＯＫ」ってやっていて。

宇田　「霊速《れいそく》」というやつかもしれないですね。

磯野　それが、すごく印象に残っています。ですから、「ローラのＯＫポーズを演じなきゃ」と頭で考えてやっているわけではないんです。

●霊速　光速を超える、霊の速度のこと。『釈迦の本心』『黄金の法』（共に幸福の科学出版刊）参照。

竹内　あんなに〝かわいい〟磯野さんを見たのは初めてです。磯野さんのイメージがだいぶ変わりました。でも、あのあと、「ローラのあのポーズをもう一回やってみて」とお願いしたけど、やってくれませんでした。

磯野　やらないです。絶対にやりません。

斎藤　実際に、霊言を読んでも、やはり、ローラさんそのものの個性ですよね。

竹内　磯野さんと個性が全然違います。

4 霊言《れいげん》には「未来予言」の側面がある

潜在意識を知ることで、未来の行動が分かる

磯野　驚いたのは、当時（二〇一五年）の霊言《れいげん》で、ローラさんの守護霊《しゅごれい》が、「海外で活躍したい」と言っていたことです。今、LA（ロサンゼルス）に行かれて、すごく活躍されているので。

竹内　確かに。

磯野　霊言には、「未来予言」的な要素も含まれているんです。

宇田　そうなんです。守護霊霊言は、生きている方が対象になるので、本人が潜

在意識で思っていることが、いずれ表面意識のほうに出てきて、それから行動に移すんですよね。ですから、少し時間がかかるわけです。

斎藤　守護霊の発言は、時間が少し先行している可能性があるわけですか。

宇田　もちろん、本当に表面意識と潜在意識が一致している人は、すぐ行動に移すのですが、普通の人は一致していませんから、口に出したり行動に移したりするのに、少し時間がかかります。

なので、先生が霊言を出される場合、ある種、「未来予言」の意味があるんです。だから、別に面白《おもしろ》おかしくやって、本で儲けようと思っているわけじゃないんです。

例えば、国家の元首《げんしゅ》であれば、もし、その人が心のなかで悪《あ》しきことを考えていたら、早めに公開して、「今は何も起きていなくても、何年かしたらこういうことが起きるかもしれない」ということを、読者に知らせる意味があると思うのです。

それを、面白おかしく〝イタコ芸〟みたいな言い方をしている人がいたら、やはり、おかしいと思います。霊言の趣旨が分かっていません。

事前に察知していた習近平《しゅうきんぺい》氏やオバマ氏の危《あや》うさ

斎藤　確かに、中国の習近平《しゅうきんぺい》氏も、最初は、「おとなしくて、穏健《おんけん》派だ」と言われていましたが、国家主席になる前の二〇一〇年十月に守護霊を呼んで話を聞いたら、「世界帝国を建設する」ということを言っていました（『世界皇帝をめざす男』〔幸福実現党刊〕参照）。

宇田　最初からそうでした。

『世界皇帝をめざす男』
（幸福実現党刊）

斎藤　その後、二〇一三年三月に国家主席に就任して、だんだんその本性が、誰の目にも明らかになってきましたからね。

宇田　前のオバマ大統領もそうです。二〇〇八年十一月の当選翌日に守護霊の意見を聞いたら、あまり期待できる人ではないことが分かりました（『バラク・オバマのスピリチュアル・メッセージ』〔幸福実現党刊〕参照）。

それで、幸福の科学では批判的な立場で意見発信をしていたら、「まだ就任したばかりで何もしていないのに、なぜ批判するのか」などと言われましたが、終わってみれば、総裁先生の言われたとおりになりました。

斎藤　守護霊は、早くから、「将来、アメリカは『世界の警察』ではなくなる」と言っていたのですが、その

『バラク・オバマのスピリチュアル・メッセージ』
（幸福実現党刊）

数年後、二〇一三年九月に、本当に地上のオバマ大統領本人がそう言いました。守護霊と同じ発言をしたのです。

宇田　「生きている人の守護霊霊言をやるのはおかしい」と言う人もいるかもしれません。

しかし、影響力のあるリーダーや権力者などの公人の場合、「このままいくと、こうなる」ということを知らせるのは、注意を促《うなが》したり、警告したりする面があります。あるいは、対象となった本人に、その人の仕事のあり方や考え方に関するヒントを示唆《しさ》する場合もあります。また、偉人の霊言は「未来への福音《ふくいん》」にもなります。

そうした「公的な意味」があって、やっているわけです。

斎藤　なるほど。

宇田　幸福の科学の利害にはまったく関係なく、社会に広く影響が及ぶ場合は、やはり、多くの人が知っておいたほうがいいと考えて、やっているわけです。

磯野　「公益性」が高い。

5　想念を言語化する能力とは

まったく理解できない言語が口から飛び出してきた

斎藤　霊《れい》を入れたときに、過去世《かこぜ》や過去のシーンが視《み》えたり、現在思っていることが分かったり、あるいは未来予測的なものが含まれていたりするわけですが、明確に自覚できないにしても、何か、「過去・現在・未来」が混在《こんざい》している感じがしますね。

竹内　そうですね。私はダライ・ラマの守護霊《しゅごれい》を入れたことがあるのですが、「過去・現在・未来」かどうかはよく分かりませんが、入った瞬間に、訳の分からない「異言《いげん》」が、ペラペラペラペラと出てしまったんです。

斎藤　異言が出ましたね。あれは学習された言葉ではない？

竹内　学習しようがないですよね……（笑）。

斎藤　（笑）

竹内　あのとき少し驚いたのが、自分でも言葉が止められない感じなんです。話そうと思っていないのに、何て言うのか、口が勝手に動いて、すごい早口で、「ラッスラッ……ラッスラッサラ……、ブラッスラッススススルルスオララス……」みたいになってしまったんです。

斎藤　うん、うん、うん、うん。

竹内　言葉が勝手に出てきちゃって。

斎藤　はい、はい。

竹内　私は霊を入れながら、「何だこれ?」って思ったんです。ところが、先生はその言葉を理解されているんです。さらに、先生がそれを古代インド語らしき言葉で、ちょっと正確には再現できないのですが、「タココストットカルカゴウ……」みたいに言って返されて。

斎藤　はい。

竹内　私はもう、何が起こっているのか分からなくて。先生の言葉も分かりませんし、自分が話している異言も、何を言っているのか分からないんですよ。

しかも、私に入っているダライ・ラマの守護霊が、先生の言葉を理解して、また、異言で話し始めるんですよ。

宇田　ハハッ（笑）。

竹内　私は霊言《れいげん》をするとき、日本語で話していれば、何となく後ろにいながらも、霊が何を言っているか分かります。ところが、このときばかりは、「怒っている」「落ち込んでいる」というぐらいしか、ダライ・ラマの守護霊の言葉が分からないんですよ。話の内容が全然分からなくて、「もう、ただ体を貸すしかない」と思っていたら、急に怒ったりして。それで、ずーっと話し続けるんです。

二十分ぐらいして、ようやく先生が翻訳してくださって、「ああ、そういうことだったのか」と分かったんです。

言語能力が低いと、霊人《れいじん》の念《おも》いを正確に伝えることができない

斎藤　それは、「自分の知識にはない言語が、止まらずにどんどん出てくる。それにもかかわらず、総裁先生とは対話が成り立っている」ということですか。

竹内　成り立っているんです。ご収録のあとに映像を観《み》ましたが、私自身が言語に強くないので、たぶん私が発する言葉は、一貫性がないんですよ。ダライ・ラマの守護霊は、「古代語」で、もっと一貫性のある言葉を言おうとしているのだと思います。だけど、口や舌、歯とかが対応できないので、私の声帯を通して出ると、高音の、何か訳の分からない言葉になってしまう。

だけど、先生の古代インド語のような言葉は、使う言葉に一貫性があります。だから、おそらく先生は、「私が言っている言葉」というより、「想念帯《そうねんたい》」を読み取って、古代インド語で返していたのだと思います。ダライ・ラマ守護霊も、

●想念帯　人間の心にある領域で、今世《こんぜ》のみならず過去世《かこぜ》を含めて、各人が思ったこと、行ったことのすべてが克明に記録されている部分のこと。六大神通力《ろくだいじんつうりき》の一つである「宿命《しゅくみょう》」の能力を持つ者は、他の人の想念帯を読み取ることができる。『黄金の法』『太陽の法』参照。

古代インド語なら理解できるんでしょうね、たぶん。それで会話が成立したのですが、ここにも、やはり「弟子《でし》の霊言による異言」と「総裁先生の異言」の違いはあると思います。

例えば、私は英語が堪能《たんのう》ではないので、英語での霊言ができません。しかし、何となく霊が語りたがっている概念はあります。すると、「イエス」か「ノー」ぐらいしか言葉として出てこないんです。

宇田 そう。「こういうことを思っている」っていうのは分かるよね。

竹内 ですよね。「グッド」ぐらいなら言えるんですけど、細かいことは言えない。同じように、今の異言も、訳の分からない言葉では出せるけれども、本当は、もっときちんと話せるはずなんです。

宇田　「喜怒哀楽《きどあいらく》レベル」は分かるんだよね。だけど、それを言葉にできない。

竹内　だから、霊言をする上においても、霊人《れいじん》が言いたいことを表現するための語彙力《ごいりょく》として、「勉強することの意味」は大きいんです。

斎藤　きちんと霊の念《おも》いを再現するために、「語学」などの勉強も要《い》るということですね。

宇田　言語というのは、申し訳ない言い方をしてしまえば、やはり「道具」なんですよね。やはり、母国語が英語の霊人だったら、英語で話したほうが心のひだに届きます。

だから、総裁先生は、あんなに英語の勉強をされているのだと思います。この世的な努力で手を抜かないのは、正確に霊人が言っていることを伝えたいと考えておられるからでしょう。

なぜ外国人の霊が日本語を話せるのか

磯野　おっしゃるとおりです。よく批判されることに、「外国人なのに、なぜ日本語で話すんだ」という疑問があります。

今までの話を聞いていただければお分かりになると思いますが、霊人が発している、言葉になる前の、言葉の奥にある「念い」のところをキャッチして、それを総裁先生やスピリチュアル・エキスパートが表現しているんです。

したがって、スピリチュアル・エキスパートがその言葉を知っていれば、きちんと表現できるのですが、知らない場合、表現できることが限られます。「イエス・オア・ノー」や喜怒哀楽など、簡単なものに限られます。

だから、「外国の霊だから日本語をしゃべるのはおかしい」という批判は、逆に、霊言というものの本当の意味が分かっていない人の発言です。

「音」として聞いているのではなく、「念い」を読み取っている世界ですから。

斎藤　伝達手段が「念い」なんですね。

宇田　そう。

知識があったほうが「霊言の再現力」が高まる

磯野　だから、念いを伝えるスピリチュアル・エキスパートが、その表現手段として、「その言語を知っているのか」、あるいは、「それに関する知識を持っているのか」は大事なんです。

ただ、逆に、「チャネラーに知識があっても、霊人が語るべき内容を持っていない場合」も、しゃべれないことがあると思います。

例えば、宇田さんが、ある大臣の守護霊霊言でチャネラーを務められたときのことを振り返って、「質問者から『総理になったら何をするか』と問われたときに、『増税して、財政難を切り抜ける』と答えたものの、具体策は出てこなかった」ということをおっしゃっていたと思います。「本当に真っ白で何も湧いてこなかった」と。宇田さんは前職で金融機関にお勤めでしたので、経済に明るいのですが、その大臣の守護霊は、言うことが何もなかったそうです。

そのように、そもそも霊のほうに「念い」や「知識」がなければ、霊言で出てくることはないんです。

われわれが持っている知識で語るなら言えるんです。〝演じて〟いるのであれば、いくらでも言えます。もし宇田さんが、そのとき〝演じて〟いたのであれば、金融機関にお勤めの時代の知識を使って、それらしく語ることができたはずです。

ところが、宇田さんの体に入っている守護霊は、財政再建についての考えや見識を持ち合わせていなかったので、語りようがなかったのだと思います。

斎藤　つまり、なかに入っている者の〝ソフト〟が再現されているため、〝ソフト〟のとおりに出てきているというわけですね。

宇田　ええ。

斎藤　自分で勝手につくって出すわけではないと。

ただ、その再現のレベルは、スピリチュアル・エキスパートの能力に幅があって、「音声」や「感情」は出せても、「微細《びさい》なモードで出そうと思うならば、訓練しないといけない」という感じでしょうか。

磯野　それがスピリチュアル・エキスパートの霊能力の差で、「修行《しゅぎょう》の部分」だと思います。

斎藤　では、その「再現力」を高める訓練としては、心を清めるだけでなく、意外と左脳的に知識の量などを増やして、「言葉の数」を増やすことが大事だと。

竹内　そうなんです。私は宇田さんと同じ理系で、建築学科出身です。理系は高校の途中から、数学と理科と英語に絞った教科で勉強するので、そんなに歴史の勉強をしてこなかったんです。学生時代は、幸福の科学の学生部活動のほかには、バンド活動などで〝有意義に〟過ごしたので。

するると、出家《しゅっけ》してスピリチュアル・エキスパートをやったときに、やはり日本史や世界史の知識が少なくて、霊が入ってても表現できなかったんですよ。

斎藤　なるほど。

竹内　例えば、具体的な「名前」とか「地名」とか「歴史的事柄《ことがら》」が出てこないんです。「よい」とか「悪い」とか、「俺は偉い」とか、そういうのは出るのですが、具体論が出てこない。

そこで一念発起《いちねんほっき》して、年間三百冊ぐらいの本を読む習慣を頑張って続けたのですが、そうしたら、霊人の言いたい言葉を〝拾《ひろ》えること〟が増えてきました。

斎藤　霊の話したい言葉が、スピリチュアル・エキスパートの心のなかにある「キーワード」を使って出せるようになったと。

勉強をすることで「我《が》」が出てしまうこともある

竹内　ただ、次に、また難しいものがあるんです。

勉強をすると、「勉強したから、きちんと表現したい」っていうマインドが出てくるんですよ。

それで、その勉強したものを出した瞬間に、先生が、「あっ、今、竹内が自分の勉強したものを出してきた。これは違う」と、審神者《さにわ》として判定されるのです。

磯野　そうです。

斎藤　総裁先生に、それが分かってしまうんですか。

磯野　「霊の言っていること」と、「スピリチュアル・エキスパートの意見」とは、先生はきちんと見分けられます。

斎藤　峻別《しゅんべつ》されるんですか。

宇田　「自我《じが》」が出た瞬間にバレますね。私も一回、ある女性幹部の守護霊の霊言をやったことがあります。公開されていないものです。

そのときも、「その方を護《まも》らなければいけない」と勝手に認識したんです。「宇田さんはどこにいますか。今から霊言をやるので、すぐに帰ってきてください」と連絡があり、急いで帰ってきて、〝ゼイゼイ、ハアハア〟している状態で、そのまま収録したんです。誰も、「なぜ、この人の霊言をやるのか」を教えてくれないので、状況は分からないけど、「護らなければならない」という強い意識を持ってしまったのです。

そうしたら、「今日、宇田さんがやったのは、我が出ている」と、間接的なご指導がありました。

斎藤　我が出るとか出ないとか、スピリチュアル・エキスパートの方でも、そういうことがあるんですか。

磯野　そうです。私もご指摘いただいたことがあります。

今、問題になっている某YouTuber《ユーチューバー》の方の霊言をしたことがあります。その際、「先生がいらっしゃる前で言うのはあれですけれども……」という言い方をしたのですが、その瞬間に先生が、「これは〝磯野的〟ですね。そんなことを言うはずがありません」と言われました。そうしたら、その霊人が「私を早く総裁にしなさい」と率直《そっちょく》に要求したことがありました。

斎藤　では、再現しているなかで、心の修行的な観点で、少し「我」が入ってしまったり、「自分の知識」を入れてしまったりしてはいけないと。

配慮をすることで正確でなくなることもある

磯野　私は先生から、「磯野さんに入れると〝マイルド〟になる」と言われることがあるのですが、なぜそうなるのか、疑問に思っている方もいらっしゃるかもしれません。

先生のご家族に関する、非常に守秘性の高い霊言のときに、スピリチュアル・エキスパートを務めさせていただくことがあります。教団にとっては重要で、一部は公開されていますが、公開されていないものもあります。

もちろん、正確に伝えないといけないのですが、「私が不用意な発言をすることで、何か混乱するようなことは避けたい」という思いがやはりありますので、言葉をかなり選びながら、マイルドに言っているということがあるんです。

斎藤　自《みずか》らの心境そのものが、再現する際に出てしまうんですね。

宇田　あと、先生のチャネラーの選び方を見ていますと、「直接、利害関係のない人にしている」と思われます。

磯野　そうです。

宇田　本人を知っていたりすると、やはり「配慮しよう」という心が出てきます。逆に、敵愾心《てきがいしん》を持っていたりすると、それも出てしまいます。なので、そうした背景を全部分かっていて、あえて知らない人を選ぶ。僕が知っている人だったら、僕ではなくて、磯野さんがやる。おそらく、そうなっているんじゃないかと思いますね。

磯野　竹内さんもスピリチュアル・エキスパートですから、そのときも、竹内さんがチャネラーでもよかったはずですが、ただ、竹内さんはそれまで近い関係にあった方だったので、利害関係のない私を使われたのだと思います。

実は「客観性」「科学性」を大事にしている霊言収録

斎藤　普通は、霊的になると、「主観の世界」に入りやすいと思うのですが、実は、極めて「客観性」を持って霊言を行《おこな》っているわけですね。

宇田　総裁先生は、とにかく「客観性」を大事にされていて、準備段階で、人選を調整されているということです。

竹内　私も一、二年前、ある秘匿《ひとく》霊言で、急に呼び出されたことがあります。

そのときは、お世話になったある俳優の方の演劇を観に行っていたんです。終わったら楽屋に挨拶《あいさつ》に行く予定でした。ところが十三件も着信履歴が入っていて。十三件は尋常《じんじょう》ではないと思って折り返しの電話をしたら、「すぐに来てください。チャネラーをお願いします」という話だったので、戻ったのですが、全然状況が分からないわけです。私は、そのころはもうアリ・プロダクション●で聖務《せいむ》をしていますから、宗務《しゅうむ》のほうの事情は何も知りません。

「何をやるんですか」と訊《き》いても、「霊媒《れいばい》をしてくれればいい」という感じで、

●アリ・プロダクション　幸福の科学グループの芸能プロダクションの１つ。

何も知らされずに、収録用の椅子に座ってすぐに始まっていきました。

それで、霊が入った瞬間に、けっこう厳しい、危ないことをたくさん言い始めたので、「これは大丈夫なのかな」と思ったのですが、先生が、「今日の昼も、その霊人が同じことを言っていた。ずっと言っていた」とおっしゃるんです。

斎藤　午前中に総裁が何を話していたかは、まったく知らないはずなのに、「同じことを話した」と。

竹内　はい。知るはずもないことを、霊言で語ったようです。

磯野　そのとき、私は宗務関係者でしたから、事前にやっていることを知っていました。だから、私だと前提知識もあるし、午前中の収録の思い込みがあります。だから、それがまったくない竹内さんが、急遽《きゅうきょ》呼ばれたということですね。

竹内　しかも、あのとき、客観性を出すために、「自分でその霊を呼んでみなさい」と言われたんです。もちろん、先生が霊的に護ってくださるからできることなんですが。

先ほど宇田さんがおっしゃったように、客観性を出すために、「竹内が霊を呼んで、同じ現象が起きるかどうかを検証する」ということでした。何も知らない私が、そこに来ている霊を呼び、体に宿らせるということになりました。

斎藤　かなり科学実験的な精神があるわけですね。

宇田　「事前情報は、ほぼなし」というのが基本なので。

斎藤　厳しいですね。

「霊に自分の体を貸している」という感覚

竹内　スピリチュアル・エキスパートの心掛けることは、「何も考えず、身を委《ゆだ》ねる」ということかもしれません。

宇田　先生を信じる思いは、強く出していますが、「何もない〝空《から》っぽの体〟を、どうぞお使いください」的な感じです。

竹内　「恐怖心」とか「名誉心」とか、とにかく全部なくす。

斎藤　では、宏洋氏が言っている、「勉強して、演じて、再現して」というのと真逆じゃないですか。

竹内　だって、個人的な情報の場合、知りようがないですし、勉強しようがないですよ。

斎藤　勉強しようがない。確かに、プライベートなことだから。

竹内　その一、二年前のときも、事前に、磯野さんから聞いているわけでもない。

磯野　一切《いっさい》言っていません。

竹内　本当に一切知らない。十三件の着信履歴があって、急いで特別説法堂《せっぽうどう》に向かい、その場ですぐにご収録に入りましたから、知るはずがないんですよ。

斎藤　科学の実験で「二重盲検法《もうけんほう》」というのがあって、「互いに絶対に分からないようにして、効果を試す」という方法がありますが、同じような厳しさがありますね。

宇田　ええ。

斎藤　なぜ、ご自身でも分からないこと、知らないことが出てくるんですか。

竹内　いや、これが不思議なんですが、例えば、「誰ですか」と言ったときに、「○○です」って、先に口から言葉が出てしまうんですよ。

斎藤　えっ？　固有名詞が出るんですか。

磯野　出ますよ。

感覚的には、頭で考えて言っているのではなくて、「自分たちの言語中枢《ちゅうすう》を使われている」という感じです。

竹内　自分たちの体を〝貸している〟感じですよね。だから、本当に、自分自身も発声して初めて分かるんです。

磯野　そうです。

斎藤　「自分がこんなことを言っている」っていうことが。

竹内　言った瞬間に、「えっ、これちょっと、僕、やばくない？　こんなことを言って」と思うときもあるのですが、とにかくこれが仕事というか、聖務なので。

斎藤　話しているときは、自分は〝後ろ〟にいるんですか？

竹内　います。それで「こんなことを言っている」「もし違っていたら怖い」とか思っています。でも、呼ばれて聖務としてやっているので、もう、出せるものは全部出そうと思って、とにかく、「自分からセーブはしない」と、覚悟してやっております。

磯野　本当に委ねる感じ。

竹内　委ねる感じ。

磯野　導師《どうし》の先生に委ねている感じです。

6 悪霊《あくれい》・悪魔《あくま》を入れるとどうなるのか

麻原彰晃《あさはらしょうこう》の霊を入れたら首が痛くなった

斎藤　麻原彰晃《あさはらしょうこう》が死刑になったときに、すぐに宇田さんが呼ばれました。

宇田　「やばいな、逃げようかな」って思ったんですよ。「出張でも入れようか」と思っていたら、捕まっちゃって（笑）。

斎藤　あのときも、やはり、「麻原氏がどういうふうになっていたのか」は、みなさん知らなかったと思います。プライベートの情報はもちろん出ていませんし、ニュースなどで報道される事実しかなく、普通は関係

『麻原彰晃の霊言』
（幸福の科学出版刊）

者しか知りえないこともあるでしょう。
　実際に霊言《れいげん》をされてみて、身体的な反応などは、ありましたか。

宇田　ありましたね。首が痛いというか、電気ショックなのかもしれないけれども、「どういう刑だったか」というイメージもありました。

斎藤　腕なども痺《しび》れたりとか？

宇田　はい。とにかく悪霊《あくれい》の場合は、体にくるんです。終わったあとも、かなり〝本人〟の思いを引きずります。私の場合は、霊言後二、三日は、その霊人《れいじん》に影響されているんですよ、明らかに。

斎藤　霊言が終わって、霊を体から出しても？

宇田　はい。しばらく。あまりに個性が強い場合は、ですね。

あるいは、自分の考えと真逆の人の霊言をすることも多いのですが、そうなると、それがしばらく尾を引くんです。

斎藤　痺れみたいな感じで？

宇田　ええ。それを戻すのに、ちょっと時間がかかるんですよね。

私の仕事は「判断業務」が中心なので、霊言をしたら、二、三日は静かにしていたいですね。仕事をしないほうがいいというか。

斎藤　重要な判断はしないほうがいいと。

宇田　だから、総裁先生みたいに、霊言を一日に二回やったり、週に数回もやられたりしても、終わった瞬間に〝もとの先生〟に戻ることができるのは、われわれ弟子《でし》からすると、「普通はありえない」という感覚です。

竹内　前に、宇田さんにルシフェル、私に覚鑁《かくばん》（密教《みっきょう》系の悪魔《あくま》）を入れたことがあります。そのあとも何回か、そういう悪魔霊言があったのですが、そのときに先生がおっしゃっていたのが、「同じ人間にずっと入れると、道がついてしまう」ということでした。

斎藤　道……。縁ができちゃうんですか。

竹内　なので、悪魔は、呼ぶたびに入れる人を変えて、固定化させないようにします。

宇田　「二時間以上やったら心臓にくるからな」とアドバイスも頂きました（笑）。

竹内　宇田さん、手が震えていたときがありましたよね。

宇田　あれは（西洋系の悪魔）ベルゼベフのときでしたが、手が震えて。『仏《ぶっ》説《せつ》・正心法語《しょうしんほうご》』をググッとつかんだら、少し止まって。

斎藤　粗《あら》い波動《はどう》の霊を入れると、そんなに肉体反応がきてしまうんですね。

悪霊を入れていると、質問者の意図や弱点まで分かる

宇田　あと、悪霊を入れると、相手の意図が全部分かるんですよ。「こういう質

『仏説・正心法語』（宗教法人幸福の科学刊）幸福の科学の根本経典《きょうてん》。全編が九次元大霊の仏陀意識から降ろされた言魂《ことだま》で綴《つづ》られ、これを読誦《どくじゅ》することで霊的な光が出てくる。

問をしてきているけど、こうやって引っ掛けようと思っているんだな」って。

磯野　それは分かります。「質問者の意図」が分かりますよね。

斎藤　「他心通《たしんつう》（●六大神通力《ろくだいじんつうりき》の一つで他の人の心を読むこと）」じゃないけど、心が分かるんですね。

宇田　悪魔になってくると、相手の心も読めていて。相手の戦略とかも。

磯野　そうそう、「なんか引っ掛けようとしているな」とか。

斎藤　ええっ。バレちゃうんですか、それ。

●**六大神通力**　悟りを開いた者に特有の６つの超人的な能力のこと。天眼《てんげん》、天《てん》耳《に》、他心《たしん》、宿命《しゅくみょう》、神足《じんそく》、漏尽《ろじん》がある。『太陽の法』参照。

磯野　そうです。だから、「そんなのには引っ掛からないぞ」って。

宇田　急に〝頭がよく〟なってくるんですよ（笑）。「悪知恵《わるぢえ》」っていうやつです。しかも、質問してくる人を見ると、相手の弱点が分かるんですよね。

斎藤　えっ!?

宇田　「この一言《ひとこと》をズバッと言ったら、もうこいつは質問できないだろう」とか。

竹内　うんうん。

宇田　もう、いやらしいんです、性格が。それが分かるんですよ、手に取るように。

磯野　そう、「質問者を怯《ひる》ませるために、これを言えばいい」とか。

斎藤　そういう弱点が分かるんですか。

悪魔《あくま》はディベートに強いが、「純粋な信仰論《しんこうろん》」には弱い

竹内　以前、幹部職員とルシフェルの〝バトル〟ってやりましたよね。
　あのときもやっぱり、それはすごくありました。ただ、意外だったのは、論理的に攻めるよりも、女性の「純粋な信仰論《しんこうろん》」で攻められたほうが、悪魔《あくま》が怯むんです。

宇田　そうなると、口論にならなくて、「あ、こいつに言ってもしょうがないかな」っていう感じで諦めちゃうんですよね、悪魔のほうは。

●**幹部職員とルシフェルの……**　2011年7月7日、「悪魔撃退の秘術を探る」を収録。吉備真備《きびのまきび》の霊言に続いて、悪魔ルシフェルを招霊し、幹部職員十数名が順番にディベートをするというエクソシスト訓練を行った。

磯野　「論理」だとディベートになりますが、悪魔はディベートに強いんですよ。本当に「悪知恵」があって、「論理のすり替え」もしますし。けれども、「信仰論」でパシッとこられると、反論、反撃のしようがないというか。

宇田　しようがないですよ。「〝違う世界の人〟だな」という感じです。だから、「しょうがないかな」「手が出せない」という感じで。悪魔にとっては、「こっち側に引きずり込んで悪口の土俵で戦ったら、俺が絶対にチャンピオン」みたいな感じなんですよ。

だから、今、当会を批判してきている人も、悪口が絶えませんよね。

斎藤　はいはい。

宇田　だから、「憑依《ひょうい》されているのではないか」というのは、まさにそのとおりで。

磯野　〝どっぷり入っている〟と思いますね。

悪魔は何重にも嘘をつく

斎藤　竹内さんは、以前、アステリアという、ルシフェルの姪《めい》の女悪魔が出てきたときに、突然、ピョーンと飛び上がったり、体がグニャグニャになったり、一瞬にしてすごい変化《へんげ》をされましたよね。

竹内　確か、あれは、「恐怖体験リーディング」だったと思いますが（『恐怖体験リーディング』〔幸福の科学出版刊〕参照）、ある男性職員に霊現象が起こって、それを調べていったら、最初はおばあさんみたいな人が出てきたんですよね。私も、体を貸しながら、「おばあさんなんだな」と思っていたんですが、先生が急に、「『親族』か『知り合い』か何かのふりをしているけれども、その奥は違うかもしれません。〝二重底《にじゅうぞこ》〟かもしれない」「〝二重底〟だったら、これは、『悪魔の眷属《けんぞく》』です」とおっしゃったんです。私も、「え、そうなんだ」って、〝後ろ〟で聞いていました。私は、おばあさんの霊だと思っていたので。

でも、先生がそう言った瞬間に、急に体が切り替わっちゃって、高笑いすると同時に、体が飛び上がりそうになったんですよ。

斎藤　かなりジャンプしていましたね。ピンマイクも

2016年6月28日に収録された「恐怖体験リーディング」でチャネラーを務めた竹内（左から2番目）。

『恐怖体験リーディング』（幸福の科学出版刊）

二回外れました。

竹内　でも、先生が、私に「あまり飛び跳ねないで」とおっしゃったんです。立ち上がって、ワアーッと走り出すような感じだったのですが、そのお言葉を聞くと、体が動きそうになるのが収まりました。

そして、座った状態で、引き続き霊言が始まっていき、あの高笑いと同時に女悪魔が出てきました。そして、先生より、「あなた、アステリアでしょう?」とその存在を見抜かれたのです。本当に先生の審神者《さにわ》の力でして。

斎藤　それは、「悪魔は正体が見破られるまで、二重三重に嘘をついている」っていうことですか。

竹内　そうなんです。これは、分からないですよ。

7　宏洋《ひろし》氏の〝霊《れい》能力〟を検証する

悪魔《あくま》の嘘を見破れる総裁の「漏尽通力《ろじんつうりき》」

竹内　書籍の『宏洋《ひろし》問題を斬る』（幸福の科学総合本部編、幸福の科学出版刊）にも書かせていただきましたが、私は今まで、宏洋氏の悪霊霊言《あくれいれいげん》に、かなり付き合わされてきました。週に何回も呼ばれることもあったぐらいです。

でも、困ったのが、われわれでは霊的に何が来ているのか分からないんですよ。彼の〝霊言〟は、たいてい、言っていることはいつも一緒なんです。だいたいが、彼の身近にあるものに反応して言っているだけなんです。

磯野　そうですよね。宏洋氏は「自分のところに、ど

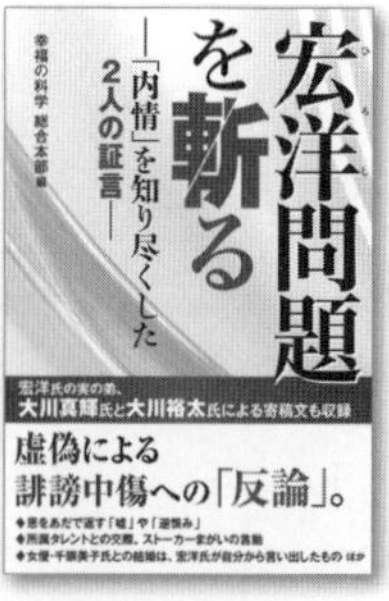

『宏洋問題を斬る』
（幸福の科学総合本部編、幸福の科学出版刊）

ういう霊が来ているか」が見分けられないですよね。

竹内　生霊《いきりょう》なのか、悪魔《あくま》なのかが分からないのに、宏洋氏はそれを全部、覚鑁《かくばん》などの悪魔にするわけです。私たちも、それを聞いても判別ができない。

実際に先生が調べると、本当に覚鑁などの悪魔が来ているときもありました。でも、実際にその場で対応しているときは、私たちには、生霊なんだか、守護霊《しゅごれい》なんだか、悪魔なんだか、これはもう、全然分からないんです。

また、私は宏洋氏以外にも、そういう対応をしたことはあるのですが、原則、「対応できるのは、教えの説かれている範囲で」ということになります。

お祈りをしたり、地上の本人のどこに心の問題があって、どういうところを攻撃に来ているのかを探ったり。「それなら、こういう御法話《ごほうわ》を拝聴《はいちょう》したら効《き》くかな」とか、「その人の心に合わせて教えを語っていく」などはできるのですが、「来ているものが、どこの誰」と名前を特定するのは、弟子《でし》では難しいんです。

宇田　ここが「漏尽通力《ろじんつうりき》」の圧倒的な差なんです。「どういう個性なのか」っていうことが、われわれには分からないですね。

斎藤　総裁先生の場合は、「それが何者で、何の目的があって来ているか」が分かってしまう……。

宇田　霊が「嘘」を言っていることも、そのさらに奥にある「本心」まで分かっていらっしゃるのです。

竹内　実際、宏洋氏に悪霊現象が起きたときも、弟子では解決できなくて、先生に報告させていただいたことがあります。それで、先生が調べてくださり、霊的原因が特定されて、「あ、そういうことだったんだ」となると、ピタッと止まるんですよ、現象が。

斎藤　見抜いた瞬間に現象が止まるんですか。

宇田　正体が分かったら、止まるんですよね。だから、いろいろと悪霊霊言もありますが、正体を見破ると、不思議と収まることも多いです。正体がバレると、相手も頭はいいので、引いていくんですよ。

磯野　力がなくなるんですよね。

竹内　だから、「悪魔だと思っていたけど、本当は生霊だった」という場合だと、こちらで対処していたことが、全然効かなかったり。逆に「生霊だと思っていたけど、実は悪魔だった」という場合でも、やはり、全然効かなかったり。そのほかにも、いろいろあったりするので。
このあたりが、先生のご指導を頂いて、初めて分かることが多いんです。

宇田　そう、中途半端《ちゅうとはんぱ》に入っていったら、本当に〝まずい世界〟だよね。

竹内　〝まずい世界〟になっちゃうので。「お祈り」や「心の救済」は、教えに基づいてある程度はやれるのですが、「霊査《れいさ》」や「審神者《さにわ》」は、われわれではできないんです。
だから、私も宗務《しゅうむ》本部で聖務《せいむ》をさせていただいていたころは、本当に危険だと思ったものは、先生にご報告させていただきながらやっていました。けれども宏洋氏は、そこを自分で査定しちゃうんですよ。

宇田　自分に都合《つごう》のいいように。

霊能者が宗教修行《しゅぎょう》を怠《おこた》ると、悪霊・悪魔に翻弄《ほんろう》される

磯野　たぶん、宏洋氏は「自分も審神者ができる」と信じていたと思うのですが、できていません。

というのも、まず「信仰心《しんこうしん》」があって、「教学」をしていて、「心の統御」といった宗教修行《しゅぎょう》を積み重ねることによって、審神者能力が磨かれていくのですが、これらをやらなければ、自分のところに来ている霊が何者か判別できず、霊に翻《ほん》弄《ろう》されてしまうんです。

宏洋氏は、大川隆法総裁を「肉体上の父親」としか見ておらず、信仰の対象である「主」、あるいは師弟関係にある「師（マスター）」として帰依《きえ》することができませんでした。まず、「信仰心」のところで、正しい信仰が立っていないんです。

また、「教学」についても、「小学生で幸福の科学の教学をマスターした」など

と言っていて、それ自体も怪しい話ではありますけれども、少なくとも、その後、進化し続ける総裁先生の教えをコツコツと学び続けることを放棄しているわけです。

さらに、自《みずか》らの欲望に振り回されて、真面目《まじめ》に「心の修行」に精進《しょうじん》することをしませんでした。その結果、悪霊や悪魔などに翻弄されるようになったんです。

斎藤　宏洋氏はそうした修行をしていないにもかかわらず、「全部、自分でできている」と思い込んでいたわけですね。

竹内　宏洋氏のところに、悪霊か悪魔か生霊か、何かの霊が来ていたのは、事実だと思うんですよ。本当に具合が悪そうなときもありましたし。

彼は今、それを「演技だった」と言っていますが、「だったら、君に週何回も付き合ったあれは、全部、演技に付き合わされていたのか」ということになります。

そうではないはずです。彼が悪霊・悪魔の影響で本当に苦しんで、過呼吸《かこきゅう》になっていたところを、私は見ているんですよ、何回も。

斎藤　それは、「現象」として起きていたんですか。

竹内　先生にも調べていただいたら、そのときは本当に悪魔が来ていたんです。だから、彼自身、本当は経験しているんです。本当に過呼吸になって、苦しんだ、その悪霊現象を経験しています。

ただ、「悪霊現象を経験しているから、高次元霊や生霊も判定できる」と思ってしまうと、飛躍があるわけです。〝その間《あいだ》〟を飛ばして、「自分は天才だから、霊能力があるから、判定もできる」みたいな方向に行って。

でも結局、例えば、「ニュースター・プロダクション（NSP）の女性タレン

●ニュースター・プロダクション（NSP）　幸福の科学グループの芸能プロダクションの1つ。

トの生霊が来ていると言っていたときも、実際に調べたら、違う方の生霊だったんです。
だから、「審神者能力はない」のです。ないのに、彼は「ある」として、人事権を発動しようとしたり、その人を呼び出して糾弾《きゅうだん》したり……。これはほかの本にも書いてありますが（『宏洋問題を斬る』『宏洋問題の深層』、および『宏洋問題の「嘘」と真実』などの「徹底反論座談会」シリーズ〔いずれも幸福の科学総合本部編、幸福の科学出版刊〕参照）、こういうことをするのが彼の性格なのです。

宇田　そう。自分の「欲」がまずあって、それを合理化するために、〝霊言〟をやっていた。

磯野　そうですね。霊の名前を騙《かた》って自分の意見を言っていたのは、〝彼〟なんですよ。

『宏洋問題の深層』
（幸福の科学総合本部編、幸福の科学出版刊）

そして、「霊言」について語る上で重要なのが、「波長同通《はちょうどうつう》の法則」だと思います。「霊言を受ける側」と「霊言を送る側、霊指導する側」とは波長が合っていないといけないということです。

心の修行を積んで、高級霊と同通するような心境を維持していなければ、高級霊の霊言をすることはできません。自分の心境が悪ければ、悪いものにズボズボ入られて、そちらに支配されてしまいます。宏洋氏は、まさに後者の典型なんです。

悪霊現象を経験しても「導師《どうし》」「審神者《さにわ》」ができるわけではない

竹内　ややこしいのは、彼は自分で経験しているんです。悪霊現象・悪魔現象を小さいころからいろいろと経験しているので、「悪霊・悪魔が本当にいる」ということは感じているんです。

それと審神者《さにわ》を、ごっちゃにしているんです。

●波長同通の法則　各人の心境に応じて、心（魂）から一定の電波のようなものが発せられており、同じような波長を持つ者同士が相通じるという法則。

斎藤　なるほど。

竹内　だから、彼が言っていることを一般の人が聞いて、「そうなのかも」と思ってしまうことがあるとすれば、確かに霊体験はしていることがあるとすれば、何か悪い意味で〝説得性〟があるんです。〝洗脳力〟というか。

今の彼は、「悪魔体験・悪霊霊言の人」です。そこから、正統な霊能者の道へ行くには、悟《さと》りの階梯《かいてい》が必要です。

宇田　悪霊に長期間、憑依《ひょうい》されていたことをもって、霊道《れいどう》を開いたと思っていたんですね。

憑依とは、悪霊や悪魔が地上の人間に取り憑いて影響を及ぼしている状態のこと。上：映画「心霊喫茶『エクストラ』の秘密―The Real Exorcist―」（製作総指揮・原作 大川隆法、脚本 大川咲也加、2020年5月公開予定）より。

斎藤　普通、霊言には「導師《どうし》」がいて、「チャネラー」がいて、「審神者」がいる。

磯野　あと、「結界《けっかい》」をきちんとつくって。

宇田　周りに「信じる人」が座っていてくれないと、やりにくいんですよ。

斎藤　宏洋氏は、導師も審神者もいないまま、一人で全部やれていると思っていたんですね。

竹内　修行している出家《しゅっけ》弟子の一部が、スピリチュアル・エキスパートとして聖務をさせていただいており、そのうち、比較的、数多く霊言をしている三人が、今、ここに呼ばれていますが、それは、日々の修行姿勢や修行の結果があって、「大丈夫だろう」ということでやらせていただいているんです。

でも、宏洋氏はここに入っていません。ただ霊道を開いただけで、「いろいろなものが入って、現象を起こしているのを楽しんでいる」というか、「翻弄されている」んです。

斎藤　失礼な言い方ですが、「低級霊媒《れいばい》体質」みたいな。

磯野　そうです。

竹内　私は宗務本部にいたときに宏洋氏の担当でしたが、どちらかというと救済対象なんですよ、宏洋氏は。スピリチュアル・エキスパートの仕事をさせられず、悪霊・悪魔にやられている。

磯野　できないです。〝悪質〟というか、〝品質〟がほんとに悪いので、スピリチュアル・エキスパートは務まらないと思うんですよ。もし、チャネラーをやらせて、自分の欲望に合わせて霊言を曲げることがありますと、当会の霊言の真実性が疑われてしまうので。

斎藤　ははあ。

磯野　先ほどもあったように、総裁先生がチャネラーを使われるときも、極めて「客観性」を重視されています。そこにチャネラーの意見や意識が入っていたら、「それは違う」と外されます。それだけ厳密にされている。それが幸福の科学の霊言です。

宇田　とにかく「霊的な正直さ」を探究されるので、そこがズレると、必ずご指導がありますね。

斎藤　「霊的な正直さ」ですね。

磯野　総裁先生ご自身も、〝品質管理〟といいますか、「霊調《れいちょう》管理」を徹底されています。『幸福の科学の後継者像について』（幸福の科学出版刊）でもおっしゃっていたと思いますが、先生は「霊的粗悪品は出さない」ということを死守するために「霊調管理」を徹底されていて、私たち宗務本部スタッフも、そのような環境を維持すべく日夜格闘《かくとう》しています。ここも、宏洋氏と決定的に違う点です。

夜中の二時に宏洋氏に呼び出され、〝霊言〟を聞かされた

竹内　彼の〝霊言〟で、こんな出来事がありました。

『幸福の科学の後継者像について』（大川隆法・大川咲也加共著、幸福の科学出版刊）

夜中の二時に、「竹内さん、来てください」と呼ばれ、起きて行きました。すると、「今から霊言するから聞いてください」と言われ、彼の口から〝私の守護霊〟を名乗る者の霊言が出てくるんです。それによると、私が、ＮＳＰの社長を乗っ取ろうとしているというんです。

それを聞かされて、「これがあなたの本心です。反省してください」と言われたのですが、「いや、それは私の守護霊じゃなくて、宏洋氏自身が思っていることだろう」と私は思いました。そういうことを、さも真実のように〝経営判断〟として使うんですね。

磯野　当時、私も外部からその様子を見ていました。けれども、私の見るかぎり、竹内さんがＮＳＰの社長になろうとしていたことは一回もありません。むしろ、竹内さんは、宏洋氏が社長だったときに、何とか彼を支えようと、公私を問わず、本当に献身的にしていらっしゃいました。

また、竹内さんは、「先生の教えを芸能の分野で実現したい」という思い、その使命感でやっていらっしゃるので、「自分が社長になって思いどおりにしたい」という私心は全然ないというふうに、私は見ていましたね。

竹内　他の仕事に関することにしても、彼に正論を言うと、つまり、私が、総裁先生から発信されている方向に向けようとすると、それをもって私が〝社長になりたがっている〟〝会社を乗っ取ろうとしている〟かのように……。

斎藤　お話を聞いていると、彼のやっていることは、まさに「悪い宗教」というか、「悪い霊能宗教」のようですね。

竹内　そうですね。彼こそ〝邪教《じゃきょう》〟です。

宇田　霊言を使って、自分の欲を実現させようとしていたんですよね、はっきり言うと。

斎藤　なるほど。先ほどおっしゃっていた「霊的な正直さ」とか、「真実への知的な正直さ」とか、そういうものがないんですね。

宇田　ええ。目的が、まったく真反対。

竹内　あるとき彼が、自分で、周りにいる友人の〝過去世《かこぜ》霊査〟をしたものをいっぱい出してきたのですが、それは、自分が読んだマンガに出てきたような人物名を過去世に当てはめたようなものでした。

「項羽《こうう》と劉邦《りゅうほう》」や「三国志」の登場人物にいろいろ当てはめて。その数時間後、先生がそのご友人の守護霊を調べたら、その友人の守護霊は、「宏洋君のところには行ってもいない」と語りました。じゃあ、あれはいったい何だったんだということですが、おそらく彼の「思い込み」と「妄想」でしょう。

要するに、彼は「自分が言ったことは全部真実だ」と信じ込む力が強かったのです。そのスタンスで〝霊言〟と称するものをやっている宏洋氏と、絶えず客観性を求め続ける先生の霊言は、まったく別物です。

弟子が行う霊言に対しても、われわれにまだ至らないところがたくさんあるので、その客観性を高めるために、勉強することや、心の内面性の大切さを説かれ、その人の個人的な意思が出てしまったら何度も注意してくださって。われわれも回数を重ねるなかで、訓練されてきているんです。

弟子《でし》だけでは、政治家の霊を招霊《しょうれい》することができなかった

竹内　昨日、これまで私は、スピリチュアル・エキスパートを何回やったかなと数えてみました。全部は数えられなかったのですが、それでも、霊人の数で、た

ぶん六十人以上になります。

ざっくりですが、悪魔系は、ルシフェル、覚鑁、ベルゼベフ、アステリア。亡くなった方だと、酒井雄哉大阿闍梨《さかいゆうさいだいあじゃり》、松本清張《まつもとせいちょう》、職員のお父様やご友人、ご先祖の霊。あと、イスラム国で殺害された二名のうちのお一人、湯川遥菜《ゆかわはるな》さん。この世の方の守護霊では、ダライ・ラマの守護霊、下村博文《しもむらはくぶん》氏の守護霊、ローラさんの守護霊、レプロ・本間憲社長《ほんまたかし》の守護霊、藤倉善郎《ふじくらよしろう》氏の守護霊など。あと、公開されていませんが、幸福の科学職員の生霊霊言が、内々で何回かあったのと、ちょっと秘匿《ひとく》になるのですが、高級霊関連もありました。普通、僕らがお呼びしても入らないのですが、総裁先生が呼ばれると、先生の法力《ほうりき》によって、高級霊でも入ってくださいます。

磯野　こうしたさまざまな霊人を、「弟子《でし》では呼べないけれども、総裁先生は呼べる」ということの実証として、こんなことがありました。

二〇一三年に、生前、首相も務められたこともある大物政治家の霊言を収録しているのですが、書籍化されているのは総裁先生が霊言をされた部分で、その前に一回、弟子のほうで呼ぼうと試みていたんです。

竹内　当時、先生がご巡錫《じゅんしゃく》に行かれる前にさまざまな霊が来ていて、行事に行けるか分からないという状況になり、「われわれ宗務本部の弟子でその元首相の霊言をやらないと、予定されている講演会が〝○○元首相の霊言説法《せっぽう》〟になってしまう」という危険があったのです。そこで、当時、私を含め三人の弟子と、総裁先生がご臨席されて、「やってみよう」ということになりました。

ところが、弟子だけで霊言しようとしても、全然、私に入らなくて。先生が、「○○さんが『入らない』と言っているよ」おっしゃったので、そこから収録の方針が変わって、「どんな霊人なら入るか、やってみる」という話になりました。

まず、過去世も明らかになっている、ある宗務本部幹部の守護霊を呼びました。

そのとき〝何か〟は入ったのですが、話している内容は、その過去世の個性とは明らかに違うので、「怪しい」となりました。

次に、「竹内さんの守護霊を呼んでみたらどうか」「過去世の一人がアフロディーテというのが本当なら入るだろう」という話になり、呼んでみたら、アフロディーテは入ったんですよ。確かに目の痙攣《けいれん》や手の震えもあり、いつもの現象で入ってきたので、「ああ、守護霊は入るんだな」と分かりました。

「じゃあ、新撰組《しんせんぐみ》の近藤勇《こんどういさみ》を試してみよう」ということで呼んでみたら、近藤勇も入ったんですよ。それで、「親族の守護霊も入るんだな」と先生はおっしゃられて（編集注。幸福の科学の霊査によると、竹内久顕氏の過去世の一つはギリシャの女神・アフロディーテとされている。また、直前世《ちょくぜんせ》は沖田総司《おきたそうじ》であり、配偶者の直前世は近藤勇であるとされている）。

次に、「新撰組の斎藤一《さいとうはじめ》は地獄の悪魔になっているけど、霊的には知り合いだし、入るかどうか試してみよう」ということで呼んだのですが、来ないんですよ。

それをご覧になって、先生は、「弟子だと、自分の守護霊か親族の守護霊は入るけど、それ以外は入らないんだな」とおっしゃいました。結局、そのあと、先生がその元首相を呼ばれたら、先生に入られて霊言をされたんです。

総裁と弟子《でし》では、呼べる霊人の範囲が圧倒的に違う

竹内　やはり、「霊を呼んで入れる」というのは、総裁先生がおっしゃればスッと入るのですが、私とか、宇田さんや磯野さんが呼んでも、たぶん、霊が言うことをきいてくれないんですね。

磯野　霊媒に「かかるもの」と「かからないもの」とがある。あるいは、先生だったら入るけれども、弟子《でし》のほうでは入らない。そういうことは、厳然としてありますね。

でも、もし、霊言が〝演技〟だったら、われわれでもできるはずなんです。

斎藤　確かにそうですね。これがもし演技だったら、ご自分でコントロールできますよね。

宇田・竹内　そうそう。

磯野　でも、できないんですよ。正直さを旨《むね》としていますので、入るものは入る。入らないものは入らない。

斎藤　総裁先生がスピリチュアル・エキスパートに霊を入れる際、「この者に入れ！」と言って、霊に向かって、手でパッと移動させるような動作をされるときがありますよね。あれはやっぱり、自分で呼んで入れるわけではなく、先生の導師の力で体に入るんですか。

宇田　はい。

竹内　おそらくですが、先生の〝霊的な電波〟は、全世界と全宇宙に飛ぶんだと思うんです。でも、われわれの電波は、身内ぐらいまでしか行かないんです（笑）。

磯野　たぶん、数メートルぐらいしか（笑）。

竹内　だから、地獄にいる悪魔にも、私たちがいくら呼んでも、届かないんだと思う。

斎藤　それを先生は、一気にグッと引っ張ることができるんですね。

確かに、以前、鄧小平《とうしょうへい》の霊言を収録した際、招霊《しょうれい》された鄧小平の霊は、「万力のようなもので頭を締め上げられ、ロープでぐるぐる巻きにされて引きずり上げられたんだ」「井戸の底から、ものすごい速度で、何万メートルもグーッと引き上げられたような、すっごいショックを、今、受けておるのだ」と言っていました（『アダム・スミス霊言による「新・国富論」』〔幸福の科学出版刊〕参照）。

また、胡錦濤《こきんとう》氏の守護霊を招霊した際、守護霊は、「クレーン車のようなものが、中国に手を伸ばして、わしの頭をつかみ、日本海を振り回して、今、東京に引っ張ってきたんだ」とおっしゃっていました（『国家社会主義とは何か』〔幸福の科学出版刊〕参照）。

宇田　たぶん、「個性を確定できる」んだと思うんですよ。「その人の出している波動《はどう》」が分かっているので。僕らは、自分の経験知の範囲からしかできないの

右から『アダム・スミス霊言による「新・国富論」』『国家社会主義とは何か』（共に幸福の科学出版刊）。

で、その辺に圧倒的な差があります。

竹内　だから、宏洋氏が「誰々を呼びます」といくら言ったところで、その霊は絶対に入らないんですよ。悟っているはずがないので。

宏洋《ひろし》氏に悪魔祓《ばら》いの修法《しゅうほう》を行《ぎょう》じたら、鏡が割れた

斎藤　最近、宏洋《ひろし》氏は、「幸福の科学の霊言はすべて偽物で、芸で、演劇集団なんだ」というようなことを言い始めています。これについてはどうですか。

竹内　彼は本当に〝大嘘つき〟だと思いますね。だったら、「あなたがＮＳＰのとき、経営判断の根拠に霊言を多用していたことは、何だったんだ」っていうことです。

斎藤　そこには、自己矛盾があるんですね。

竹内　ええ。先ほども言いましたけど、彼自身が悪魔の影響で過呼吸になったりして苦しんでいましたが、あれが全部演技だったのであれば、「よく週何回も演技したよね」と言いたいです。こちらは、それに朝まで付き合わされていたわけで。

でも、私は彼の性格を知っていますけど、そんなに忍耐力がないんですよ。だから、週に何回も、朝まで何時間も、演技でやれる人じゃないので。

斎藤　確かに、五分ぐらいだったらできても、何時間もリアルにその状態を続けるのは、演技では難しいですね。

竹内　そうそう。だから、記憶がなくなっているのか、自分が体験した霊体験は、どこかに置いてきてしまっているんですよね。

斎藤　「悪霊体験」「悪魔体験」は、自分も十分持っているのに、それは、あまり語らないわけですね。

竹内　はい。覚えているはずなんですが。

斎藤　これは、「知的正直さ」から見ると、正直ではないですね。

総裁先生の場合、一九八〇年代の最初の書籍『日蓮《にちれん》聖人《しょうにん》の霊言』を発刊するに当たっても、何年にもわたって収録し、日蓮の個性が変わるか変わらないかをご自身で厳しく「検証」しておられました。さらに、ご尊父《そんぷ》であられる善川三朗《よしかわさぶろう》名誉《めいよ》顧問《こもん》先生が質問者になっ

『日蓮聖人の霊言』
（潮文社刊）

てみたり、霊言の収録された録音テープを管理したりして、十分に「検証」を重ねられて「本物だ」と確信した上で、『日蓮聖人の霊言』として潮文社《ちょうぶんしゃ》から出版されました。

こういう、「知的正直さ」を持ってやっているのとは、真逆ですね。

竹内　彼の悪魔体験で、幾つか思い出したことがあります。

一つは、彼が大学一年生のころだったと思うのですが、その日、私は総合本部で聖務をしていました。ちょうど、彼がうちに泊まりに来ていた日で、うちから電話がかかってきたので出ると、「ハッ、ハッ、ハッ」と過呼吸状態で、「すぐ来てください」と言うので行ったんです。そうしたら、宏洋氏は四つん這《ば》いになって、「アアアッ」とのたうち回っていて。

一緒にいた妻と私で、御法話《ごほうわ》「反省の原理」のDVDをかけて、●修法《しゅうほう》「エル・カンターレ ファイト」をしたら、修法を行《ぎょう》じている手がもげそうになるほど痛

●修法「エル・カンターレ ファイト」　幸福の科学における悪魔祓《ばら》いの修法のこと。

くなりまして。

そこで、主エル・カンターレに「宏洋君を助けてください」と心からお祈りして、「主に勝てる魔など存在しない」、「絶対、悪魔に負けない」という信念で、もう一回修法「エル・カンターレ ファイト」を行じたら、光が入った感じがして、それで彼の過呼吸が収まりました。

そのとき、彼は「ありがとうございました。助かりました」と言っていました。

ちなみに、そのときの悪魔祓《ばら》いが本物だった〝物証《ぶっしょう》〟もありました。

斎藤 物証？

竹内 突然、鏡が割れたんですよ。四つん這いの彼に修法「エル・カンターレ ファイト」をして、終わったときに、「ハーッ」と息をついてパッと横を見たら、倒れてもいないのに、鏡にピシピシピシッて、上から下まで雷みたいにヒビが入っていて。

斎藤　それは、何か物を落としたり、ぶつけたりとかはせずに？

竹内　ええ。まあまあちゃんとした全身鏡だったので、「弁償《べんしょう》してよ」と言ったのですが（笑）、「なんで僕が弁償しなきゃいけないんですか」と言っていました。彼はそうした現象も見て、知っているんです。

斎藤　けど、言わないんですね。

竹内　言わないですね。こういうところも、嘘をついています。

突然、「女性のような泣き声」で電話をかけてきた宏洋氏

竹内　ほかにも悪霊体験はたくさんあります。あるとき、夜中の二時に宏洋氏から電話がかかってきたので出てみると、泣いているんですよ。しかも、女性のような泣き声で、しゃくりあげていて。

「はあ。（泣き声）だから言ったじゃない」とか言い出して、「誰？」という状態だったので、「やばい」と思ってすぐに駆けつけると、やはり四つん這いになっていて、女性のような泣き声で霊言をしているんです。

「誰なの？」と訊《き》いても分からず、ずーっと女性の声色《こわいろ》で話していて。しばらく話をしていると、どうも彼が当時付き合っていた女性関係の方らしいと分かってきたのですが、途中で「自分は覚鍐だ」みたいな言い方をし始めて、壁がミシミシ、バキバキいい始めました。

宏洋氏はそのとき、悩んでいたことがあったんです。だから、その悩みに対し

て、日が昇るまで五時間ぐらいずっと、いろいろな話をしました。

斎藤　五時間、続けたんですか。

竹内　朝の七時ぐらいまで話して、だいぶ正気に戻ってきたので、最後にお祈りをしました。

斎藤　そのエピソードは、彼自身は、一言《ひとこと》も言っていませんね。

「もう無理です。悩乱《のうらん》しそうです」と助けを求められて

竹内　また、こんなこともありました。あるとき、彼の友人が心臓発作か何かで急死したんです。私は所用があって家族で那須に行っていたのですが、急に宏洋氏から電話がかかってきて、「『おまえのせいで、その友人が死んだ』っていう声が聞こえる」と言うのです。「もう無理です。悩乱《のうらん》しそうです。助けてください」と言うので、急遽《きゅうきょ》、家族を置いて、私一人で車を飛ばして東京に帰りました。

やはり、彼は〝悪霊霊言状態〟になっていたので、客観的に自分を見られるように、いろいろな降魔《ごうま》に関する教えの話をしました。本人の気持ちが落ち着いてきたら、かかっていた霊が取れてきたようだったので、最後、お祈りをして、もとに戻ったこともあります。

そういった感じで、彼自身、声が聞こえたり、体を乗っ取られたり、悪霊霊言をしたりという体験を、何回も何回もしています。

それが演技だったのなら、僕の前でやる必要はないはずです。僕に演技を見せる必要はまったくないんですよ。

YouTube《ユーチューブ》などで公《おおやけ》に出すなら〝演技〟で嘘の霊言をやる理由もあるのかもしれませんが、プライベートの場で、宏洋氏が僕に霊言を見せる必要はないのです。

そういう意味で、彼自身が本当は、「霊言は嘘じゃない」と分かっていると思うんです。ただ、総裁先生を否定したいから、「先生の霊言は嘘だ」と言って、自分の体験談は〝忘却《ぼうきゃく》〟して。

磯野　あるいは、自分でやった友人の霊査などに対して、先生から「違う」と言われたり、NSPのあるタレントさんの生霊が来ていると言った際に、先生が霊査されたら違う人だったりしたことなどを受けて、「自分の霊言・霊査を否定されたから、先生の霊言を否定しているのかな」というふうにも見えますね。

斎藤　ああ、あくまでも自分の意見を護《まも》るために。

宇田　そうそう。どこからその自信が来るのか、彼は「自分が正しい」と思っているので、一部でも否定されると、その相手を「全否定」してしまうところがありますね。

彼にとって助けてもらうのは「当たり前」のこと

磯野　はっきりさせておきたいのは、彼がしていたのは、そのほとんどが生霊、悪霊、悪魔の霊言だということです。総裁先生のように、高級霊の霊言や、世界の指導者の守護霊霊言はできません。

もしかしたら、世間のみなさまも誤解されているところかもしれないのですが、総裁先生の霊能力と宏洋氏の霊能力は、まったくの別のものです。

まず、霊能力が開発されるに至った経緯からして違っています。総裁先生は、『太陽の法』（前掲）にも記されているように、心の内面を深く見つめられ、思いや行い、言葉などについて反省を深め、心を磨いていかれるなかで、「心の窓」が開き、高級霊界からのメッセージを受けられるようになりました。

一方、宏洋氏は、大川総裁という〝巨大な霊的磁石〟の近くにいて、「心の窓」が開きやすい環境に置かれていたわけですが、「心を磨く」という修行を怠《おこた》っていたがために、単に悪霊・悪魔に憑依されやすい〝悪霊体質〟になっているのです。

斎藤　なるほど。彼の体験は、「悪魔体験」と「悪霊体験」、突然、過呼吸になるなどして五、六時間苦しむような感じで、悪霊・悪魔が取れない状況は体験していると。

竹内　これはもう、しょっちゅうで、何人もの人が証言できるレベルで体験しています。先ほどお話ししたのは、本当に一部の絞ったものだけで、実際には、もっとたくさんあります。

また、高級霊を降ろしたところは見たことがありません。十年ほど、近くでずっと見ていましたが、ありません。

悪霊・悪魔か生霊か分かりませんが、彼が「霊的にきつい」というときの緊急対応はやっていました。おかげで、私も午前中、聖務に行けないことが、何回かありました。

斎藤　「助けてくれ」と、お願いをされたわけですね。人を夜中に呼び出して、朝まで対応してもらって。

竹内　私にも家族がいますし、普通に夜まで仕事をしているんですよ。帰って、家族の団欒《だんらん》があって、勉強して、その後の真夜中の時間を犠牲《ぎせい》にするかたちで呼ばれて。

さらに、うちの場合、夫婦で呼ばれるんです。子供もまだ小学生と、幼稚園児の子もいたのですが……。

宇田　かわいそう。

斎藤　実害を受けていますね。

竹内　夜中に子供たちを家に置いたまま、夫婦だけで宏洋氏のもとへ行ったこともありました。普通はありえないことですが、そういうことをやらざるをえないぐらい彼が困って、「本当に苦しい」「来てください」と言うので。

斎藤　彼は、そのように助けられていた事実を、YouTubeなどで言ったことはあるんですか。

竹内　言っていないですね。彼にとっては〝当たり前〟なんですよ、助けてもらうことが。

宇田　「してもらったこと」は、すべて忘れるので。

斎藤　相手の家族が犠牲になって、自分が助けてもらったとしても、「人に尽くしてもらうのが当然だ」ということですね。

では、この前、文藝春秋《ぶんげいしゅんじゅう》から出した本なども、事実は真逆ということですね。

宇田　ええ、逆ですね。

宏洋氏は「霊能者＝教祖」と誤解している？

宇田　宏洋氏は、おそらく一人では生きていけない人だと思うんですよ。

今、YouTubeや週刊誌で何かと一人でやっているのは、たぶん、自分がやっている悪行《あくぎょう》を、悪霊や悪魔が肯定してくれているんだと思うんです。「そのとおりだ」って。それで気分がいいんだと思うんですよ。

宏洋氏が教団のなかにいて、僧房《そうぼう》に止住《しじゅう》しているときに、こちら側の結界内で間違った行為をすると、間違いがより顕在《けんざい》化するので、周りの職員が肯定してくれないんです。だから、今、こうなっているのですが。

斎藤　その間違いの最たるものが、導師や審神者なしで、スピリチュアル・エキスパートのまねをして〝霊言〟をやったことですね。

竹内　そうですね。大学三年ぐらいまでは、そこまで、自分から霊を意図的に呼ぼうとはしていなかったんですよ。大学四年ぐらいのころから、自分から主体的に霊言的なことをし始めたんです。

それまでは、「悪霊・悪魔が来て、やられる」ということの繰り返しで、われわれ宗務スタッフがそれをフォローし、支えていたんです。けれども、社会人になって、特にNSPの社長になってからは、霊言を意図的に多用し始めたんですよね。急にスタッフを集めて、霊言を始めたりして……。

斎藤　ああ、それはかなり〝霊遊び〟に近い行為ですね。

磯野　総裁先生のまねをしているんですよね。

斎藤　あっ！　逆に彼が、先生のまねをしているんですか。

磯野　ただ、その〝品質〟には雲泥《うんでい》の差があると。

宇田　そこはやはり、「教祖願望」があるんですよ。「二代目は私だ」というような。

磯野　座談会の冒頭《ぼうとう》のほうでも、少し触れさせていただいたんですけど、宏洋氏は、「霊能者＝教祖」と考えて、「霊言ができることが、二代目の要件だ」と考えている節《ふし》があるんですよね。でも、それは違います。

霊能力を持つ人は「霊能者」ではありますけれども、その悟りのなかに「教え」が含まれていなければ、「教祖」にはなれません。この点、総裁先生の霊言には、人々の「魂《たましい》の糧《かて》」となる内容や、「これからの未来を見通す指針」などが含まれています。一方、宏洋氏の〝霊言〟は戯言レベルで、参考になる教えをまったく含んでいません。

また、そもそも彼は、「霊言と教義の違い」が分かっていないようにも見えます。

「霊言」は、その名のとおり「霊の語る言葉」です。霊界にはさまざまな霊がいますから、それを語る「霊」や「守護霊」によって、意見に違いがあったり、矛盾があったりしても不思議ではありません。

斎藤　そうですね。霊言を書籍化する際には、必ず冒頭に、「なお、『霊言』は、あくまでも霊人の意見であり、幸福の科学グループとしての見解と矛盾する内容を含む場合がある点、付記しておきたい」と明記して発刊しております。

磯野　そうですよね。なので、霊言がすべて幸福の科学の教義と同じであるわけではないんです。

「教義」というのは、教祖である総裁先生が悟った内容を「教え」として結晶化されたものです。幸福の科学の基本教義は、「正しき心の探究」と「愛・知・反省・発展」の「幸福の原理」です。「愛」「悟り」「ユートピア建設」の三つに収斂されるとも教えていただいています。総裁先生が説かれる「仏法真理《ぶっぽうしんり》」は、地球上のすべての人々を救済対象とした教えであり、国や人種、言語、宗教の違いをも超《こ》えた「地球教」とも言える教えです。

斎藤　なるほど。宏洋氏には、そうした「高度な悟りを伴う教え」は説けないために、悪霊・悪魔限定ではあるにせよ、自分も多少はできる「霊言」に、やたらとこだわっているのかもしれないですね。

8　スピリチュアル・エキスパートに必要な修行《しゅぎょう》とは

「悩み」を長く持ち続けない

斎藤　霊《れい》体質の場合、「凡事徹底《ぼんじてってい》」を実践するなかで、心を見つめ、自《みずか》らの心を変え、弱点を克服していかないと、霊的能力の〝品質〟が維持できないと思います。

このあたり、みなさんは、どのようなことに気をつけておられるのか、ぜひお聞かせください。

宇田　私の場合は、普段は判断業務が多いので、基本的には即断即決で、「課題を残したまま何日も持たない」ということに気をつけています。

基本的に、判断って、「やるかやらないか」、「イエスかノーか」なので、「ある程度、間違っているかもしれないけれど、とりあえず判断する」というふうに、仕事は長く持ち越さないで、常に〝空《から》っぽの状態〟をつくっておくようにします。

仕事を引きずると悩みも発生します。「どうしたらいいんだろう」と。そうなると自分も生霊《いきりょう》になるし、総裁先生にご迷惑をかけるので、基本的に悩まないようにし、悩みができたら、積極的に自分で一個ずつ見つめて潰《つぶ》していくというかたちで、思いを切り替えるようにしています。

もちろん、三次元の事柄《ことがら》の場合、相手もいますから、すぐにはうまくいきません。だから、悩むわけですが、時間がかかるものはかかるものとしてしかたがないところはあるにせよ、自分としては踏ん切りをつけて、「時間がかかるものについては、これ以上、悩むのはやめよう」と、「自分が踏み込むところ」と「引くところ」を細かく分け、心のなかにあまり悩みをつくらないことを常に気をつけています。

一般企業で仕事をしている人には、何を言っているか分からないかもしれません。「悩むなんて当たり前じゃないか」と思われるかもしれませんが、正しい宗教団体のなかにいると、「悩みを持ち続けていると、そこに〝よろしくないもの〟も影響してくる」ということが分かるので、気をつけるようにしています。

斎藤　確かに、お三方《さんかた》とも、スピリチュアル・エキスパートの能力を持ちながら、実務もこなすという、「神秘性」と「合理性」を併《あわ》せ持った生活をされているように見えます。「悩みを持たない」という仕事の方法は、かなり霊的な観点ですね。

「人に対する好き嫌い」を極力《きょくりょく》抑える

宇田　あとは、「人に対する好き嫌い」を極力《きょくりょく》抑えることです。人間ですから、どうしても好き嫌いはあるんですよね。だけど、その人の長所を見ようと「努力」しないといけないかなと。

人事局での聖務《せいむ》も何回かさせていただいていますが、総裁先生にご指導いただくのは、「先生が見ておられる、その人の長所が見えていなかったとき」だったんです。「その人のよさを総裁先生はご存じなのに、私は分かっていない」というときには、よく判断を間違えていました。

「長所と交われば悪人はいない」と言われるとおりなので、やはり、「その人のよさを、本当に一人ずつ細かく理解しているか」というところは、常にチェックしなければいけないと思います。

斎藤　宏洋《ひろし》氏は本当に好き嫌いが強く、激しいですね。

磯野　霊的な人やスピリチュアル・エキスパートになると、〝感情のブレ〟はかなり激しく増幅されます。

竹内　そうですね。

宇田　霊的に、相手の思いが入ってくるので、「あっ、この人、私のことが嫌いだ」ということもすぐに分かるんですよ。そうすると、「こっちも嫌いだ」と思うじゃないですか。表面的な感情レベルならまだいいのですが、それが潜在意識まで染《し》み込んでくるとまずいんです。

嫌われている相手に好かれようとまでは思いませんが、ニュートラル（中立）に戻さなければまずい。ですから、好き嫌いにおいても「中道《ちゅうどう》に戻す」という努力はします。もちろん、自分の心の問題なので、対峙《たいじ》している相手には言いませんが。そこは、「常に調整しなければ」と戒《いまし》めています。

斎藤　それは、スピリチュアル・エキスパートとしての〝品質〟を維持するためには、「本番だけ頑張ればいい」というわけではなく、毎日のなかで……。

磯野　「普段」が出ますね。普段から生活習慣を正したり、幸福の科学で説かれている修行《しゅぎょう》を積み重ねたりしていないと、やはり、〝品質管理〟ができないんです。その意味では、「他人《ひと》から見えないところでも、どれだけ教えに忠実に修行しているか。コツコツできるか」ということは、本当に試されていると思います。

それこそ、そうした修行をしていなければ、「霊言《れいげん》は演じられる」と短絡的に考えるのかもしれませんが、そんなことはありません。先ほども述べたように、幸福の科学の霊言は、徹底した「霊調《れいちょう》管理」のなかで行われているものです。

「本番だけそれらしく演じる」というのは無理なんですよね。

まあ、そもそも、演じてできるものではないんですけれども。

「読書量が落ちていないか」が一つの指標

斎藤　なるほど。竹内さんは、どうですか。

竹内　はい。私は今、アリ・プロダクションというところで聖務をさせていただいていますが、実際、一カ月ぐらい休みが取れないぐらい忙しいときもあります。今は、三本の映画の「制作」「宣伝」「海外展開」を持っていますし、さまざまなタレントの「養成」や「宣伝」等、いろいろやっているんですけれども、仕事で〝限界レベル〟まで行ってしまうときが、どうしてもあります。

そうすると、客観的に自分を見ることができなくなってくるんです。一生懸命やればやるほど、のめり込みすぎてしまって、客観性がなくなってしまいます。

なので、自分のなかで指標にしているのは「読書量」です。これは常にチェックしています。仕事量が自分の限界を超《こ》えてくると、同時に読書量も落ちて、総裁先生の経典《きょうてん》や一般書を読む量が落ちてきます。そうなると、たいてい、「判断力」が鈍って、インスピレーションを受けながらの判断ができなくなり、ベータ波のなかで、自分の頭で考えたことだけで判断してしまうんです。そういう場合は、無駄《むだ》な仕事をいっぱいしていることも多いです。

ですが、先生の経典や一般書をきちんと読んでいる場合、ストックが自分のなかにあるので、物事がよく見えるんですよ。

例えば、映画のコンセプトをつかむのもそうですし、それを業界の方にどんなふうに話せば理解していただけるか。それをどんな画《え》として落とし込めば〝かたち〟になるか。海外展開においては、どういうところを狙えば、この映画が世界の人々に納得いただけるか。そういった「道」が見えるかどうかは、私の場合、読書量に関係しているんです。「ある程度、読書量を確保している状況でないと見えない」という経験を、何度もさせていただいています。

〝キャパ超《ご》え〟を防ぐために、人を育てる

竹内　先ほど宇田さんも、「仕事は長く持ち越さない」とおっしゃっていたのですが、私もやはり、〝キャパ超《ご》え〟には絶えず気をつけています。

メディア文化事業局やアリ・プロダクションの聖務は専門職的な要素が強いのですが、私は芸術家タイプで、中途半端《ちゅうとはんぱ》なものは嫌なので、それが我慢できなくて、自分が最後まで入ってしまうときがあります。

例えば、宣伝関連でも、ポスターや予告編などをつくったりするんですが、細かいことまでやり始めると、仕事量が膨大に増えてくるんですよね。

そんなふうに、役員の仕事だけでなくプレイヤーの仕事もやってしまうことがあるので、「七割でもいいところ」と「十割やらなければいけないところ」の区別をして、「ある程度は人に任せてOKする。そして、人を育てていく」ということをやらなければいけないと思っています。

私がやってしまうと、次の人が育たないんですよね。だから、「人にやらせてみて、育てていく」ということを、今、ちょうどやっているところです。

自分がプレイヤーになると、「私の限界」が「映画の限界」になってきます。

特に霊能者は、限界を超えた瞬間に〝判断がブレる〟ので。

そこを流されずに宗教的価値観で押さえることが、私たちの仕事なのですが、〝キャパ超え〟になると、そういうことが全然見えなくなってしまうんです。

「僧帰依《そうきえ》」が危険から身を護《まも》る

斎藤　霊体質の方が〝キャパ超え〟になると、やはり、「危険」なんですか。

磯野　常に〝狙われて〟いますね。

竹内　危ないですね。しかも、自分が狙われていることさえも分からなくなるんですよね。

磯野　ああ、自分がやられていても自覚できないですよね。

竹内　そういうとき、近くの人が助けてくれるんです。「ちょっと、今、おかしいんじゃないの」とか、「仕事量を減らしたらどうか」とか、「これはもっと人に任せたらどうか」とか。

そういうアドバイスを頂けること、やはり、そこがサンガ（僧団《そうだん》）の力です。仏《ぶっ》・法《ぽう》・僧《そう》の「三宝帰依《さんぽうきえ》」の、「僧帰依《そうきえ》」の部分なんですけど。

「主エル・カンターレのために」「救世運動のために」と一生懸命やっていると、助け合える仲間がいっぱい出てきます。本来、宏洋氏にもそういう人がいっぱいいたんです、周りに。でも、彼は、助けてくれる方の意見を全部弾《はじ》いて、「俺の意見だけ通せ」という態度なので、「僧帰依」ができなかったんです。「仏帰依」「法帰依」ができないだけじゃなくて、「僧帰依」もできなかったんですね。

仏に帰依し、法に帰依し、同時に、アドバイスなどをしてくれるサンガの仲間を信頼することが大事です。霊能者は不安定なので、周りで支えてくれるみなさんがいて成り立っています。そういう気持ちを私は大事にしています。

●主エル・カンターレ　地球系霊団の至高神。地球神として地球の創世より人類を導いてきた存在であるとともに、宇宙の創世にもかかわるとされる。現代日本に大川隆法総裁として下生《げしょう》している。『太陽の法』『信仰の法』（共に幸福の科学出版刊）等参照。

霊的な人ほど「謙虚《けんきょ》さ」と「自己客観視」が大事

斎藤　スピリチュアル・エキスパートというのは、そういう意味では、けっこう〝危険〟なんですね。

磯野　スピリチュアル・エキスパートに対して、「すごいな。霊能力があるんだな。悟《さと》っているんだな」というふうに見られる方もいるかもしれないんですが、むしろ、やっている本人たちは、〝危険性〟を常に感じていると思います。

宇田　感じます。

磯野　常にそれを自覚しています。

竹内　そう。だから、仕事が重くなるときほど〝危なくなる〟ことが多いので、細心の注意を払うのですが、一人で注意していても、けっこう分からないんですよね。

磯野　分からない。だから、いろいろな人からご注意を頂いて、それをちゃんと聞けるだけの「謙虚《けんきょ》さ」は必要で。

斎藤　「客観性」の自覚と、「謙虚さ」の部分ですね。

磯野　「今の、ちょっとおかしいよ」と言われて、「そんなことない」と言うときは、もう完全にやられていますが、「そうかもしれません。気をつけます」と言えれば、まだ大丈夫だと思う。

竹内　そこだよね。そこが宗教修行ですもんね。自分が思っていることを否定されたときこそ、宗教修行。宏洋氏の場合、「それは、あなたが間違っているよ」と言われたら、「言っているほうが間違っている」と考える。だから、反省ができない。これが、〝天狗《てんぐ》的傾向〟だと思います。

宇田　全部、「自己客観視」して、自分で自分を見張らなきゃいけないんですよね。

斎藤　「自己客観視」というのは、すごく重要なキーワードですね。

磯野　それは私も思います。日ごろから聖務をしつつ、一方で、「聖務をしている自分を見ている自分」というのがいるんですよね。それは天上界《てんじょうかい》の存在、あるいは、自分の守護霊《しゅごれい》の視点だと思いますが、常に、そういう第三者の視点、ある

●**天狗的傾向**　天狗の姿形に表されるような心の傾向性で、「慢心」「うぬぼれ」といった、六大煩悩《ろくだいぼんのう》（貪《とん》・瞋《じん》・癡《ち》・慢《まん》・疑《ぎ》・悪見《あくけん》）における「慢」に当たる。

いは天上界からの視点で見ながら、「今の自分の心境は大丈夫か。天上界のご指導を頂ける心境なのか。それとも、ブレて悪いほうの影響を受けているのか」ということをチェックしています。

判断業務であれば、「仏法真理《ぶっぽうしんり》に適った判断をしているのか。この世的にも発展する方向の判断をしているのか」を考えます。宇田さんであれば、特に、経営判断をしていらっしゃるので、そのご判断で教団が危機に瀕《ひん》することもあれば、発展することもあるため、シビアに「自己客観視」をしていらっしゃるんだと思います。

「宗教だから、芸能界で成功できない」は誤解

竹内　宏洋氏がよく、「業界関係者は宗教に偏見があり、その人が宗教団体に所属していると業界ではやっていけない」というようなことを言います。

確かに、宗教への偏見はありますが、それは、一般的な「悪い宗教」へのイメ

ージであって、実際に業界関係者の方や俳優さんとお会いして、こちらが宗教の本当の意味や目的をお話ししたり、出家者《しゅっけしゃ》が直接、接したりしていくと、「こういった方々なんですね」と受け入れてくださることがほとんどです。「普通に話せて、普通に仕事ができる方々じゃないですか。イメージがまったく変わりました」と言う方が、たくさんいらっしゃるんですよ。

それがいちばん感じられたのは、製作総指揮でもあられる総裁先生が、映画「世界から希望が消えたなら。」のカメオ出演のために現場に来られたときのことです。先生の包み込むような優しさと人柄に、タレントさんもスタッフさんもとても喜ばれていて、さらに、幸福の科学への信用がすごくついていっているのを感じました。

初めは、「幸福の科学の総裁だ」ということで緊張されていたんですけど。

宇田　すごく親和性があるんですよね。近くにいらっしゃるだけで、フワッと包まれる感じです。

竹内　はい。とても柔らかい雰囲気で。みなさんのお気持ちを理解されていて。監督や俳優にも、映画の役どころのポイントなどをお話しくださり、映画をもう一段深く描くための具体的アドバイスも頂きました。

磯野　だから、宏洋氏が言うような「上から」ではないんですよ。先生は、すごく「腰が低い」というか、柔らかい。

竹内　あるスタッフの方は、「ああいう優しい徳のある方だから、これだけの人がついていくんだね」とおっしゃっていました。

宇田　二〇一五年に、「大川隆法著作シリーズ2000書突破記念パーティー」

が都内で開催されて、それに総裁先生が出られたときも、まったく同じことを出版業界の取引先の方が言っていました。

竹内　先生の魅力というのは、信者だけではなく、一般の方にも通じるんです。お会いしたら、みんなファンになっていく。そこを宏洋氏は大きく勘違いしています。

先生のご存在が世間から離れているわけではなく、先生のご存在を、世の中も認めているということが分からない。そういう根本的なズレが彼のなかにあって。むしろ、彼のほうが認められていないんですよ。彼こそYouTube《ユーチューブ》の一部でしか認められていない、アウトローな存在です。

宏洋《ひろし》氏が総裁を中傷している内容は、宏洋氏自身がやっていること

磯野　しかも、悪口を言うことでしか注目を集められず、その内容も、ただ、

「大川隆法の長男である自分が見ている総裁が、本当の総裁だ」と、「自分しか知らない」かのように発信しています。

けれども、よくよく見ていると、「先生はこうだ」と言っている内容はすべて、彼自身のことなんですよね。『宏洋《ひろし》問題「転落」の深層』（前掲）で大川紫央《しお》総裁補佐もおっしゃっていましたが、結局、「隆法は」と言っているところをすべて「宏洋は」と読み替えれば理解できます。

例えば、彼はYouTube番組で、「悪魔霊言をしているときに総裁の腕が曲がった」という例を挙げていましたが、私が先生の霊言を近くで拝見していて、そんなふうに腕が曲がったことはありません。なぜかというと、先生のほうが、悪霊や悪魔よりも力が強いからで、そうした存在に肉体を支配されることはないからです。

それなのに、さも、総裁先生が悪魔に支配されて、「あいつはどうだ」「こいつはこうだ」と霊言で言って、すっきりしているかのように発信していますが、結局、それは全部、宏洋氏の話なんです。

斎藤　つまり、それは、「自分自身のことを言っている」ということですね。

竹内　私も、宏洋氏の著書を読んだときに、〝隆法はこう言った〟という部分は、「あれ、宏洋氏の言葉に、すごくよく似ているな」と思いました。

磯野　口調一つを取っても、先生はあんなふうには絶対におっしゃらないんですよ。先生は必ず丁寧《ていねい》な言葉遣いをされますし、若い人に対しても「さん」付けで呼んでくださるなど、一人ひとりをきちんと扱ってくださるんです。

でも、宏洋氏は、竹内さんご夫妻を夜中に呼び出しても、ほとんどお礼は言わないし、職員を人間扱いしないし。

斎藤　人から与えられた恩を忘れてしまうんですね。「徳」のある総裁先生とは、まったく逆ですね。四月五日に、総裁先生より「徳への階段」という御法話《ごほうわ》を賜《たまわ》りましたが、そのなかで、「花の香りは風上から風下に流れるが、徳の香りは風下から風上にも漂《ただよ》う」というお話がありました。

総裁先生は、中国の全体主義的な傾向についての誤りを批判されてもいますが、「共産党政府の一員でも、総裁の幸福を願う心を感じて、幸福の科学に入って教えを学ぶという人もいる」というお話をされました。そのように、考え方が逆の人にも総裁先生の「徳」は伝わって、その人が入信されるぐらいのことがあります。これは、宏洋氏がYouTubeや書籍などで言っているのとは〝真逆〟ですね。

磯野　〝真逆〟です。先生は教祖として、世間的に見ても、とても偉い方だけれども、実際に会ってみると、ものすごく気さくというかフレンドリーで、腰が低くて柔らかくて、人の気持ちが分かる方です。

●「徳への階段」　2020年4月5日、ハッピー・サイエンス・ユニバーシティ(HSU)の入学式の日に行われた、大川隆法総裁の説法。

先生のそういうところに、職員のわれわれはもとより、信者のみなさまも、あるいは世間のみなさまも、「徳」を感じ、好感をお持ちになっているのだと思います。

「神秘性」と「合理性」の融合《ゆうごう》

磯野　また、「矛盾するものを統合されている」というところも、徳になっているのだろうと思います。今回触れないといけないのは、「霊能力」と「合理性」の融合《ゆうごう》のところです。総裁先生は巨大霊能者でいらっしゃいますけれども、この世的に見ても、先生ほどの常識人はいないと思うのです。

斎藤　そうですね。このたび、『漏尽通力《ろじんつうりき》』（幸福の科学出版刊）という総裁先生の経典が新装復刻《ふっこく》・発刊さ

『漏尽通力』
（幸福の科学出版刊）

れましたが、これは一九八〇年代に上梓《じょうし》された本です。当時は、教えが時代に先んじすぎていたために、先生があえて絶版《ぜっぱん》にされたのですが、今回、また発刊させていただけることになりました。

ここに、今、磯野さんがおっしゃった「神秘性」と「合理性」の融合という、「矛盾するものを統合する力」や、「高度な霊能力を持ちながら、この世的な欲望に振り回されずに霊能力も使いこなせるようになる」ということ、そして、「偉大なる常識人としてきちんとした人格者となり、智慧の立場を取る」というような奥義《おうぎ》が説かれております。

幸福の科学が発信している「霊言」というのは、極端に〝霊だけの世界〟に行ってしまって、霊好きの人たちが集まるような類《たぐい》のものではありません。この世的な理性・知性をきちんと持ち、人格を練った上で、霊能力を統御しながら偉大なる人格をつくっていくものなのです。

ですから、宏洋氏が言っている「幸福の科学の霊言はおかしい」という内容は、ちょっと、像が違いすぎているなと感じます。

宇田　そうですね。幸福の科学の目指す幸福は、「この世とあの世を貫く幸福」ですからね。

もちろん、読者の方のなかには、「あの世はない」「神はいない」と信じている人もいるかもしれませんが、それについては、明らかに間違いであることを伝えたいです。あの世はあるし、霊界《れいかい》はあるし、神はいらっしゃいます。そこは信じていただきたいし、そのほうが、今、生きているこの地上での人生も豊かになるんです。

宏洋氏の口車に乗って幸福の科学を批判されているアンチの方もいらっしゃると思うのですが、批判をするなら、教えの「中身」を読んだ上でしてほしいです。

今回出る『漏尽通力』は、私も霊体質だと分かった段階で、絶版になった旧版の『漏尽通力』を手に入れて、本当にしょっちゅう読んでいました。だから、今回、新しく発刊されるのが、すごくうれしくて……。

斎藤　霊的能力を開いた方には、福音《ふくいん》ですよね。

宇田　霊道《れいどう》が開くことは危ないと思い、さまざまな関連経典を読んだのですが、仏教理論のなかで、ずばりそこに当たっているのが、『漏尽通力』なんですね。非常に神秘的な教義が、非常にロジカルに書かれていて、総裁先生ご自身が実践されたことでもあります。しかも、第三者に分かるような言葉で書かれている。
これだけの透徹《とうてつ》した高度な知性を持っている方の本を、ちゃんと読んだ上で批判してこいよと、正直、言いたいんですよ。

新しい「啓示《けいじ》型宗教」としての幸福の科学

斎藤　確かにそうですね。今、創立から三十数年たっていますが、総裁先生がされた説法《せっぽう》回数は三千百回を超え、著《あらわ》された経典は、お一人で今、二千七百書になりなんとするレベルです。経典は日本だけでなく、全世界に広がっていて、英訳などをされて、三十一言語以上の翻訳書籍となっています。こうした知的生産をされている一方で、神秘的な能力を発揮されているわけです。

それらを両立されながら、巨大な組織も運営され、救世運動を推し進めている大川隆法総裁先生の力に対して、それをすべて虚妄であるとか、嘘であるとか、そういうふうに言うのは、やはり、宏洋氏には、現実が見えていないのかもしれませんね。

磯野　霊に乗っ取られ、霊に翻弄《ほんろう》されている宏洋氏と、三十年以上にわたってさまざまな霊からのインスピレーションを受けつつも、それをコントロールされ、きちんと仕事の成果・実績として人々を幸福にされている総裁先生とを、同列に扱ってほしくはないですね。

斎藤　そうですね。しかも今、時代背景として、これまでキリスト教やイスラム教がありましたけれども、「救世の時代」ということで、千年単位の歴史の流れのなかで、「新しい啓示《けいじ》型宗教」として「幸福の科学」が現れ、霊言が降りています。

イスラム教で言えば、ムハンマドに降りてきたもの、キリスト教で言えばイエスが霊示《れいじ》を受けたもの、そのスケールをもっと大きくしたかたちのことが、今、起きているのです。

日本では「経典型宗教」が多く、例えば、仏教では、『法華経《ほけきょう》』などのさまざまなお経《きょう》や経文《きょうもん》を選んで依拠《いきょ》しながら、祖師が宗派《しゅうは》を立てていますが、幸福の科学は、そうした経典型宗教とは根本的に異なるものです。それが、宏洋氏には分かっていないのかもしれませんね。

●八正道　仏陀《ぶっだ》が説いた、苦を取り除き、中道《ちゅうどう》に入《い》るための八つの正しい反省法。「正見《しょうけん》」「正思《しょうし》」「正語《しょうご》」「正業《しょうごう》」「正命《しょうみょう》」「正精進《しょうしょうじん》」「正念《しょうねん》」「正定《しょうじょう》」の八項目を点検する。『釈迦の本心』『太陽の法』等参照。

宇田　長男だからといっても、まったく幸福の科学を理解していないことを、ぜひ、読者の方には知っていただきたいと思いますね。

磯野　それに、彼は『太陽の法』を読んだと言っていますが、初歩的な内容である「八正道《はっしょうどう》」の「正語《しょうご》（正しく語る）」の教えさえ分かっていません〔正語をテーマにした大川隆法総裁の近刊に『嘘をつくなかれ。』〈幸福の科学出版刊〉がある〕。また、『太陽の法』には、悟りを開かれた方がされる「霊言現象」と、霊に翻弄されている「霊道現象」の違いについても書いてあるのですが、彼はこの内容自体を知らないようです。

本当に『太陽の法』を読んだのならば、その違いに気づいて、自分もきちんと修行の道に入るべきだと思います。

『嘘をつくなかれ。』
（幸福の科学出版刊）

斎藤　そうですね。『太陽の法』の第6章には、「人生の煌《きら》めきの瞬間」について書いてあります。本来、霊言とは、高級霊が降りてこられ、人々を幸福にする教えを説いてくださり、その高級霊の言葉を通じて、自らの悟りを磨いていく姿なんですよね。

　そうした悟りの喜びをわれわれ弟子《でし》が広げていくということが、本当に幸福なことなのですが、それらをまったくの「嘘」であるとか、「芸」であるとか言っているわけですからね。

　霊言を「嘘」だということはどういうことかというと、結局、キリスト教やイスラム教などの宗教の根幹《こんかん》を否定する発言を、彼はしているのです。これは彼自身が思っているよりも、けっこう大きな間違いで、「邪見《じゃけん》」だと思います。

信者ではない人にも、宗教の大切さは伝わる

斎藤　このあたりは、映画「世界から希望が消えたなら。」で主演として、大川

隆法総裁をモデルとした主人公を演じられた竹内さんから見て、どんなふうに実感されていますか。

竹内　そうですね。今、われわれは芸能事業、映画事業をさせていただいていますが、やはり、幸福の科学で製作される映画というのは、「神様の指導が入った作品」なんです。幸福の科学の映画や音楽においては、「エル・カンターレの光のバイブレーションが入ったものをつくる」ということを最低限の条件というか、絶対、外してはいけないものとしてつくっているんですね。

映画「世界から希望が消えたなら。」は、イエス様に支援霊としてご指導いただいた映画でしたので、私自身も、イエス様に心のなかで祈りながら取り組みました。特に、説法のシーンや復活するシーンは、ただ演技をするのではなく、お祈りをして天上界から光の指導を頂いて、そのバイブレーションで、降りてきたものを表現するという感じでした。

だから、神主《かんぬし》が祈禱《きとう》するときのような、導師《どうし》のような気持ちでやっていました。実際、大事な宗教的シーンを撮るときには、当日も現場に入るまで精舎で充電します。

そして、現場に入ると、普段であれば、「おはようございます」と大きな声で挨拶《あいさつ》するのが基本なんですけれども、そういうシーンを撮る日は、誰とも挨拶せずに〝滅菌状態〟でその場にいました。

そこは、赤羽《あかばね》監督が信仰心《しんこうしん》のある立派な方なので、現場のスタッフに説明してくださるんですよ。「今日は、竹内さんは宗教家として、神様から光を頂いて説法シーンや復活のシーンをやるから、みんな、そういう自覚を持つように」って。

すると、宗教的に大事なことをするのだなと、スタッフの方もみな緊張した感じで「分かりました」と協力してくださるんです。

だから、宏洋氏が、「芸能界は宗教を認めない」というようなことを言うんですけど、それは嘘です。

斎藤　なるほど。

竹内　私が監督に、「神様のご指導を受けた演技は、私も未熟なので何回もできないかもしれません。降りた瞬間があったときしかできないかもしれません」と伝えると、それをそのままスタッフや関係者に伝えてくださって、みなさん、「その天上界の指導が降りた瞬間を撮るぞ」と、すごく緊迫した真剣なモードでやってくださるのです。撮影現場が精舎の祈願室《きがんしつ》みたいな雰囲気でした。

また、英語説法のシーンを撮るときは、外国人の方が二百人ぐらいエキストラでいらっしゃったのですが、初めはあまり理念を理解されていなくて、多少うるさかったんですね。ガチャガチャしていて、足を組んだり、しゃべったりしていて。そうしたら、信者ではない赤羽組のスタッフの方々が、「静かにしてください。竹内さんは、今日、これから宗教的な、大事なことをやるんだから」と注意してくださり、現場が静まって精妙になっていくということもありました。

だから、現場のみなさんも、「宗教的な演技をしている」ということを、理解してくださっているんですよ。実際、そこで撮ったシーンは、海外の方々の心をも打っていると聞いています。

「天上界《てんじょうかい》の光を降ろす」ことこそ宗教家の仕事

竹内　そういう意味で、幸福の科学は、芸能事業や映画事業でも、天上界《てんじょうかい》にあるものを降ろしてつくっているのです。五月に公開予定の「心霊喫茶『エクストラ』の秘密―The《ザ》 Real《リアル》 Exorcist《エクソシスト》―」では女優の千眼《せんげん》美子《よしこ》さんが主役をされましたが、「降魔《ごうま》の力」が感じられる作品になっており、それはモナコ国際映画祭など、海外でも認められています。
総裁先生がつくられるからこそ発される「霊的バイ

映画「心霊喫茶『エクストラ』の秘密―The Real Exorcist―」（製作総指揮・原作 大川隆法、脚本 大川咲也加、2020年５月公開予定）。ヒューストン国際映画祭で「ゴールド賞」、モナコ国際映画祭・エコ国際映画祭で「最優秀作品賞」など数多くの賞を受賞（2020年４月末時点）。

ブレーション」のクオリティを担保《たんぽ》するということが、実際、観《み》た方の病気が治ったり、人生を変えていったり、多くの人を救う力になっています。ですから、ある意味、映画や音楽も、霊言そのものではありませんが、「天上界にあるものを降ろして、つくっているもの」なのです。

大川咲也加《さやか》さん（幸福の科学副理事長兼宗務本部総裁室長。大川隆法総裁の長女）は、天上界の仏陀《ぶっだ》のご指導を受けながら、主題歌の「The Real Exorcist」を歌うとおっしゃっていましたが、同じように、われわれ出家者も、天上界にあるものを降ろして、歌ったり、映画として表現していったりというのは、絶対に譲ってはいけないところとしてやっています。

それが、日本でも世界でも、今、認められ始めているので、そこを否定する彼は、やっぱりちょっと違うのではないかと思っています。

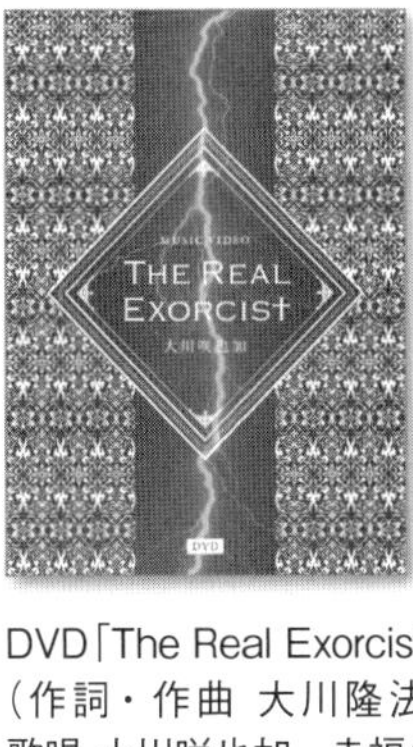

DVD「The Real Exorcist」（作詞・作曲 大川隆法、歌唱 大川咲也加、幸福の科学出版刊）

斎藤　「神の光を降ろす仕事」ということですね。

竹内　そうです。あと一言《ひとこと》付け加えますと、「世界から希望が消えたなら。」は、八カ国で三十七冠を取っているんです（二〇二〇年四月現在）。これこそ、主の映画を世界が認めている証拠で、否定できない事実でもあります。

磯野　そうですね。「天上界の光を降ろす」ということが、やはり、正しい宗教としていちばん大事なところです。

今、竹内さんがおっしゃったように、咲也加さんも、歌われるとき、あるいは脚本を書かれているとき、あるいはミュージックビデオを撮影されるときなど、常に、総裁先生の原作や原曲に忠実に、天上界からの光を引いてきて、「それをご覧になる方、この音楽を聴く方に、幸福になってほしい」という祈りを込めてされています。

そういうことが、私たち宗教家の仕事であるということは、ご理解いただきたいです。

咲也加《さやか》氏の脚本を演じたとき、言魂《ことだま》が出てきた

竹内　実際、こういうことがありました。咲也加《さやか》さんの書いた脚本を現場で台詞《せりふ》として言うとき、言葉の持っているパワーがすごく出るんです。それは、磯野さんがおっしゃったように、総裁先生の原作に込められたご意図やバイブレーションを、そのままストレートに脚本に表現されているからだと思うんですけど。

例えば、復活のシーンで、「まだ、生きている」という台詞があるんですけれども、あのとき、グーッと……、何ですかね、天上界からも、心の奥からも、すごいパワーが出てきて、「救世の念《おも》い」がグーッと出て、それが、あの演技の眼《がん》力《りき》として出てきたんです。あれ、本番しかできなかったんですよ。

斎藤　ああ、そうなんですか。

磯野　あの眼の光は、演技ではできないと思いますよ。

竹内　咲也加さんのシナリオにある言葉を、実際に本番で表現したとき、その言葉が持っているパワーが言魂《ことだま》のようにすごく出てきて、撮影現場全体を支配していくんですよ。

その話を、製作総指揮者の大川隆法総裁先生に試写のときにお話しししたら、「それはそうです。咲也加さんが書いたシナリオには言魂が宿っているので、普通の言葉ではないんです。だから、そういうパワーが出るのは、そのとおりです」とおっしゃいました。

だから、咲也加さんが書いたシナリオは単なるシナリオではなくて、本当に宗教的な言魂が込められていて、これを演技として表現したら、本当に霊的なパワーが実現化・実在化するというのを、僕も体験しました。これ、事前の稽古《けいこ》では出てこなかったんですよ。

斎藤　はああ、そうですかあ！

竹内　本番でしか出てこないんですよ。不思議なんですけど。

宏洋氏も、映画「君のまなざし」（製作総指揮・大川隆法、二〇一七年公開）では、本番だけ悪魔の演技がすごかったんですけど。そのときは本当に、現場でベキベキ、バキバキと音が鳴ったり、ドアが勝手に開いたりしていましたし、もう、顔も〝ヤバく〟て……。

本番は本当に悪魔で、監督も、「宏洋さんは普通の演技や台詞は下手だけど、悪魔の演技だけは様になっているよ」とおっしゃっていました。

結局、彼は〝悪霊・悪魔を入れる仕事〟はできていたんです。

斎藤　なるほど。悪霊体質だったからこそ、できたんでしょうね。

竹内　けれども、今、千眼さんがされているように、「天上界の指導を受けて演技する」ということは、できなかったんですよね。

「神様のため、世のため、人のため」に聖務《せいむ》されている咲也加《さやか》氏

宇田　私の見るかぎり、咲也加《さやか》さんと宏洋氏が圧倒的に違うのは、宏洋氏は、「自分のため」だったということです。主語が「自分」なんです。

咲也加さんからは、「総裁先生のため」「神様のため」「多くの人のため」という思いが伝わってくるんです。例えば、「心霊喫茶『エクストラ』の秘密—The Real Exorcist—」では、主演の千眼さんが最後に悪魔と対峙する大事なシーンの撮影の日に、咲也加さんが撮影現場に来てくださったんです。

私もたまたまそこにいまして、そんなに言葉を交《か》わしたわけではないんですが、「とにかく、総裁先生の原作を曲げたくない」「本当に、先生の教えが、そのまま映画になるように」という強い念いだけは伝わってきたんですね。「ああ、そういう覚悟で、普段、脚本を書かれているんだな」と感じました。

斎藤　なるほど……。

宇田　あの作品で私は、撮影がうまくいくようにと、撮影現場で祈願の導師をさせていただいていたんです。斎藤さんもされたと思いますけど。あの日は、狭い部屋に咲也加さんもいらして、そこで私も「●悪霊封印秘鍵《あくりょうふういんひけん》」の導師をしたんですけど、けっこう緊張しましたよ（笑）。

斎藤　ハッハッハッ（笑）。光が降りているかどうか、分かってしまうから。

●「悪霊封印秘鍵」　幸福の科学の精舎で開示されている祈願で、悪霊や悪質な不成仏霊《ふじょうぶつれい》の力を封じ込める秘法。

宇田　ええ。だけど本当に視点が違うんですよ。「自分」がなくて、常に「世のため、人のため、神様のため」という視点なんですよ。ここが圧倒的に、宏洋氏と違います。

斎藤　そうですね。そこが、「決定的な違い」ですね。

宇田　ええ。総裁先生もそうです。今、新型コロナウィルスが流行《はや》っていますけれども、先生は、とにかく「七十億人、八十億人、すべての人を救いたい」という思いをお持ちで、そこにすべての立脚点があるんです。だから、世の中の人々には誤解してほしくないな、と。

磯野　本当にそうですよね。「コロナに乗じてお金儲けをしている」みたいなことを宏洋氏が言っていますが、逆ですよね。

一月末から、幸福の科学の支部や精舎では、「中国発・新型コロナウィルス感染撃退祈願」が開示されていますけれども、もし、宏洋氏が主張するように、幸福の科学の祈願に効《き》き目がないとしたら、お布施《ふせ》をしても無駄だと思われるかもしれません。でも、実際は、咲也加さんが新著の『霊界・霊言の証明について考える』（幸福の科学出版刊）でも紹介されていましたが、祈願を受けられた方がコロナ禍《か》から〝奇跡的に〟回復される事例も複数報告されているんです。天上界の光によって、コロナウィルスがついていられなくなるのだと思います。

また、祈願以外にも、ぜひお薦《すす》めしたいのが、総裁先生の御法話CD・DVDや、総裁先生が作詞・作曲された楽曲です。「RYUHO OKAWA ALL TIME BEST I～Ⅲ」（幸福の科学出版刊）なども、すべてコロナ対策になっていると教えていただいてい

『霊界・霊言の証明について考える』（大川咲也加著、幸福の科学出版刊）

ます。

私たちは、「コロナ問題で不安になっている方々に、神様の光や愛を届けたい。神の子、仏の子としての自覚を深め、『信仰免疫《めんえき》』を強めていただきたい」と願って活動しています。

竹内　宗教でお金儲けしようとしているのは、宏洋氏のほうですからね。幸福の科学に触れなければいいのに……。

磯野　「訣別《けつべつ》する」と言いつつ、いつまでやっているんでしょうか……。

宇田　〝究極の自己中《じこちゅう》〟だから、悪魔と同通しているんだと、私は思うんですよね。

「RYUHO OKAWA ALL TIME BEST Ⅰ～Ⅲ」(幸福の科学出版刊)。大川隆法総裁による作詞・作曲の楽曲を収録。天上界から直接に降ろされた楽曲には、人々の心を癒やし、魂を救済する力が込められている。

磯野　そうですね。結局、彼が霊言を否定するのも、その同通している悪魔自身が、悪霊や悪魔などの悪《あ》しき霊存在がいることを人々に知られたくないから、霊言を否定しているんだと思います。

だから、「霊界はない」ということを言いたいんでしょう。彼は今、〝悪魔の代弁者〟になっているので。

斎藤　彼の発言は、霊的な価値を否定して、〝この世的〟になってきていますよね。

宏洋《ひろし》氏を最後まで護《まも》ろうとされたのは総裁だった

竹内　宏洋《ひろし》氏は三国志の舞台（「俺と劉備《りゅうび》様と関羽《かんう》兄貴と」〔二〇一七年〕）で主役の張飛《ちょうひ》を演じたのですが、「今日も、張飛（の霊）を入れて演技やります！」

ってよく言っていたんですよ。

でも、総裁先生が調べたら、密教《みっきょう》系の悪魔の覚鑁《かくばん》が入っていました。覚鑁が、張飛の声まねをして入っているんです。これが実態でした。けれども、彼にそれを伝えても、「張飛だ」って言い張るんですよ。

斎藤　やはり、そこの「客観的自己認識」ができないんですね。

竹内　当時、三国志の英雄の方々の霊言を内々に録《と》っているんですけれども、〝総スカン〟というか……。

磯野　本当に怒っておられました。三国志の英雄の諸霊が、「バカにされた」と。

竹内　例えば、「桃園《とうえん》の誓い」の描き方一つ見ても、「歴史上の偉人や出来事をバカにするんじゃない」「何だと思ってるんだ」というご様子でした。だけど、宏洋氏は、「張飛の指導を受けてやっている」とか、そういうことを……。

磯野　やっている「つもり」なんですよね。自分のなかにうぬぼれがあると、そのあたりの自己客観視が正しくできないんです。総裁先生が、常に「謙虚さを忘れてはいけない」「帰依の心を忘れてはいけない」とおっしゃっているのは、そういうことでして。

竹内　そのあたりも、彼は「先生に迫害された」かのように言うんですけれども、それは逆で、先生はずっと、彼を救おうとされていたんです。宏洋氏に、「それは霊障《れいしょう》だから、そんな状況で演技をするのはよくないんじゃないか」という趣旨でおっしゃっていました。

演技の前にも、「宏洋はもう〝キャパ超え〟している。霊能者が〝キャパ超え〟

すると危ないから、諸葛亮孔明《しょかつりょうこうめい》の役ぐらいにして、主演を降りなさい」と言ってくださっているのに、無理やり、自分の「欲」を実現して……。

磯野　そう、「過ぎた欲」があるんですよね。

竹内　総裁先生は宏洋氏を迫害したわけじゃなくて、一個一個、丁寧に救済の道を示してくださっていたんです。最後の最後は、もうわれわれ弟子が全員、見放した状態だったのに、先生だけは最後まで見放していなかったんですよ。

先生が最後まで宏洋氏を護《まも》っていらしたのですが、一線を越えてしまったので、「ここからは、宗教として許されない」というご判断をされて、今、こういうことになっています。

宇田　そうだね。本当に、最後まで護ろうとされたのは先生だったもんね。

斎藤　ここをぜひ、忘れてほしくないですね。

竹内　当時のＮＳＰの人はみんな、彼に「退陣要求」をしていたんですから、基本的には。

磯野　それに「待った」をかけたのも、先生でしたね。

斎藤　なるほど。そうした経緯があったわけですね。

9　スピリチュアル・エキスパートとして生きることの幸福

主のお役に立てることは「幸福そのもの」

斎藤　本日は、さまざまな角度から、スピリチュアル・エキスパートとしての実体験を踏まえた貴重《きちょう》なお話を伺ってまいりました。

霊的《れいてき》体質であるがゆえの、さまざまなご苦労があるということも伺いましたが、みなさん不思議と悲壮感はなく、いつも淡々として朗《ほが》らかですよね。スピリチュアル・エキスパートの役割を果たすに当たって、ご自身で感じられている幸福感や、〝自家発電〟の秘密などがあれば、お聞かせいただけますでしょうか。

竹内さん、いかがですか。

竹内　そうですね。スピリチュアル・エキスパートとして、総裁先生が霊査《れいさ》や霊《れい》言《げん》をされる際に、そのお手伝いをさせていただける、主のお役に立てることは「幸福そのもの」です。

また、チャネラーとして霊言をする際にも、霊言の精度が上がるよう、さまざまな宗教的アドバイスを直接に賜《たまわ》れることは、修行者《しゅぎょうしゃ》として最高の喜びでもあります。

私自身も、チャネラーをするたびに、自分の心に欲や自負心《じふしん》がなかったかどうか、入っている霊の言葉を具体的に表現できるような教養が足りていたかどうかなど、反省することがたくさんありますし、「宗教家として嘘のない自分がそこにいるか」を自己点検する機会にもなっております。

もちろん、霊道《れいどう》を開くと、日常生活で夜寝られないことや、念波を受けて調子を崩すことなどの障《さわ》りもありますが、逆に宗教家として日々緊張感を持って修行できるということでもありますので、たいへんありがたい修行の機会を頂いていると感じております。

「神様のため、世のため、人のため」がもたらす霊的幸福

宇田　私は、総裁先生の地上での時間は、本当に価値あるものでなくてはいけないと思っているんですね。

特に、悪霊や、社会的に有名でも低俗な思考の人の霊言は、総裁先生自《みずか》らがされるより、弟子《でし》で担える部分があったほうが、先生の時間を無駄にしないのではないかと考えています。その意味で少しでもお役に立てたら、うれしいと感じることはありますね。

なぜなら、総裁先生は地球神、主エル・カンターレですから、主は、主にしかできないご説法《せっぽう》や、神々や偉人の霊言を数多く地上に遺《のこ》してくださることが、人類にとっての至宝になると考えているからです。

また、何年か前に、大阪正心館《しょうしんかん》で「ヘルメス大祭」という式典をさせていただいたとき、千人を超える方々が来館され、祈願《きがん》を受けられました。そのとき、導《どう》

師《し》を務めた私は、強烈な光が自らの体を貫く体験をし、同時に強い幸福感が胸から込み上げたのを覚えています。

この「光の体験」こそが、当会の祈願という宗教儀式《ぎしき》が正当化された瞬間かもしれません。目に見えない光こそが、神であり、すべての根源なのだと思います。

さらに、大祭直後、普段、同正心館に来られない方から、「当会が本当に人々の幸福を願っていることが分かりました」という感想を直接聞いて、私の心は今まで味わったことのない幸福感で満たされました。

やはり、「神様のため、世のため、人のため」という見返りを求めない奉仕の精神が、人間にとって極上の幸福をもたらす、本当の霊的幸福なのかもしれません。

その純粋な幸福感を励みにして、弟子としては、いつでも祈願導師や霊言の補助が務まるように、毎日、教学と反省的瞑想《めいそう》を欠かさず実践し、充電というか、自家発電しております。

主と共に歩む一日一日は「奇跡そのもの」

磯野　現在、私は宗務《しゅうむ》本部で聖務《せいむ》をさせていただいていますが、主のお側にお仕えし、修行させていただく機会は「僥倖《ぎょうこう》そのもの」であり、主と共に歩ませていただく一日一日は、私にとって「奇跡そのもの」です。一切の誇張なく、心底「自分は幸せ者だ」と思っています。この幸福感を、日々の聖務を通して主をお支えするエネルギーに、そして、日本全国、全世界のみなさまに「幸福」をお届けする原動力に変えています。

「スピリチュアル・エキスパートとしての幸福感」ということですが、一言《ひとこと》で言えば、「この身、この人生をもって、主の教えの正しさを実証できる喜び」とでも言いましょうか。

私の尊敬する偉人、内村鑑三《うちむらかんぞう》の著書に『後世への最大遺物《さいだいいぶつ》』があります。そのなかで、内村鑑三は「勇《いさ》ましい高尚《こうしょう》なる生涯」こそ、すべての人が後世に遺すことのできる最大遺物だと説きます。思いがけず、スピリチュアル・エキスパートとしての使命を頂きましたが、この身でもって「霊界《れいかい》の存在」を実証し、主の教えが人間を真に幸福にすることを実証できることは、私にとってまさしく「勇ましい高尚なる生涯」そのものです。棺桶の蓋が閉じるそのときまで、「勇ましい高尚なる生涯」を生き抜きたいと切に希望しています。

斎藤　ありがとうございました。みなさまの幸福感、そして熱い使命感が伝わってまいりました。

10　幸福の科学が大切にしている信仰《しんこう》・利他《りた》・修行《しゅぎょう》

「教え」を知って判断してほしい

斎藤　それでは最後に、スピリチュアル・エキスパートの体験をされている人生のなかで、ご自分がテーマとされていることや、読者のみなさまにお伝えしたい点等がございましたら、お話しいただければ幸いに存じます。

宇田　現在、宏洋氏が世間様をお騒がせしていますが、私のほうから言わせていただきたいのは、やはり「信仰《しんこう》の大切さ」です。

というのも、日本人の九割はもともと仏教徒だと言われていましたし、本来、信心深い国だったんですよね。先の戦争に負けてから、宗教は隅《すみ》に追いやられるようになり、「政教分離」などと言って政治や教育から外されるようになったんですけれども、本来は、「神様を信じる」というところに柱があった国なので、そういう国に、もう一度、戻していきたいのです。

今、地上に降りられている神は、単なる民族神ではなくて、「地球神」です。「なんで、それが分かるんだ」と言われる方もいるでしょうが、「教え」を見ていただきたいんです。「教え」はすべて、経典《きょうてん》として正直に外に出しています。それを読んでいただけたら、「主エル・カンターレは民族神ではなく、グローバルな神なんだ」ということ、さらに「宇宙を統《す》べる神なんだ」ということが分かるはずです。それくらいの教えが説かれているので、これがすべての証拠なのです。だから、キチッとそれを見ていただきたい、読んでいただきたいなと思います。

今こそ、「信仰が人間にとっていちばん大事である」ということ、「『魂《たましい》』が自分の本質であり、それを創ってくださった創造神がいらっしゃるのだ」ということを知っていただきたい。神が降りられている同時代に「信じる」ということが、どれだけ幸せなことかということを、ぜひ知っていただきたい。

そのために、経典を出したり、映画をつくったりしています。すべては「信仰の大切さ」を伝えるためです。いずれ、私たちはこの世を去った世界に行くわけですから、その世界の様子を、この地上にいる間に予習し、知っておくことは、非常にありがたいことです。それがどれだけありがたいかは、亡くなった方に聞けば分かります。普通は、なかなか〝死者の声〟を聞くことはありませんが、それを分かっていただくためにも、「霊言《れいげん》」を行《おこな》っているのです。

したがって、「霊言」とは本当に神聖なものです。さらに、仏の法が現在進行形で説かれ、しかも日本語で読めるというのは、本当に幸福なことなのです。ぜひ、経典を読んでいただいて、それでも批判したいという方は、その上でしていただきたいと思います。

外形だけで見て、「宗教だからおかしい」とか、「長男が暴れているからおかしい」とか、そういうものではなく、「中身」で幸福の科学のことを批判されるのなら、受けて立ちたいなと思っています。

斎藤　ありがとうございます。

「利他《りた》の思いか、自分のためか」が根本問題

竹内　スピリチュアル・エキスパートにとって忘れてはいけないのは、「何のために、今、聖務《せいむ》をしているか」ということです。スピリチュアル・エキスパートの仕事も、宗教家としての聖務の一つだと思うのですが、そこには目的がありま す。それは、主エル・カンターレが、今世《こんぜ》、人類救済のためにこの世に降臨されて、今、大きな救世のお仕事をされているので、そのお手伝いのためにやっているんです。

だから、われわれがスピリチュアル・エキスパートを務めるに当たって、絶対に外してはいけないのは、「利他《りた》」「他人《ひと》への愛」というところだと思うんです。「愛の矢印」が誰か外の人に向くのではなく、自分に向けた愛、「自己中」になっ

てしまうと、間違いが起きてきます。

現在、来年公開予定の映画「美しき誘惑―現代の『画皮《がひ》』―」（製作総指揮・原作　大川隆法、脚本　大川咲也加、二〇二一年公開予定）を製作しているのですが、そのなかで「妖魔《ようま》」というものを描いています。考え方が「自己中」にいくからこそ、逆に、悪いほうの運命の軛《くびき》から逃れられなくなるというのが、妖魔の特性です。宏洋氏も、今、そうした妖魔性を持った人物になっているのですが、以前は「利他」の心を持っていたはずなんです。今は、とうに忘れてしまっていますが。

芸能・映画など芸術の世界においては、どちらに転がるか、危《あや》うい面がありです。利他の思いで仕事をして「神の世界の芸術」になるか、自己中にやって「妖魔」になるか。そこがすごく難しいのが、この芸能の世界だと思うんです。

ある意味、その妖魔性に彼は取り憑《つ》かれて、幸福の科学の芸能部門を、「自分が二代目になるための道具にしようとし始めた」んですよね。最初は、総裁先生や教団を手伝うために、芸能や映画をやりたいと思っていたと思うのですが、映画「君のまなざし」のあたりから慢心し始めて、自分のためにすべてをやるようになっていった。さらに、千眼美子《せんげんよしこ》さんが出家《しゅっけ》してきたときには、彼女はあのとき、本当に命が危なくなっていて、救済の観点で出家のお許しを頂いた方なのに、宏洋氏にとっては〝嫉妬の対象〟になってしまったんです。

本来なら、一緒に救世運動をやっていくはずだったのに、「自分のため」「自己愛のため」ですべてを考えてしまうから、自分を超える演技者が出ると〝嫉妬の対象〟になる。結局、根本的なところで、「自己愛」を「利他」に向けることができなかったんです。

霊言にしても、霊道《れいどう》現象や霊的素質にしても、「すべてを自分のために使ってしまったところ」が、根本的に道を分けたところです。これは、私や宇田さんと磯野さんもたぶん同じだと思うんですけれども、スピリチュアル・エキスパートをさせていただいていることを「自分のために」使い始めたら、僕らも同じことになります。

人生は長いので、今後もいろいろな立場に立つことがあると思うのですが、どんな立場に立ち、どんな環境になっても、「利他の心」さえ失わなければ、ズレることはないと思います。

ここの部分を、宏洋氏にも気づいてほしいと思います。十年間彼を見てきて、「利他の思い」で動いているときは、彼もお役に立っていました。しかし、「自分のため」になってしまってからは、全部、総裁先生のお考えの逆を行っていましたので、ここが彼の根本的問題ではないかなと思っています。

斎藤　ありがとうございます。

霊的な修行《しゅぎょう》は厳しく、真剣勝負である

磯野　今、竹内さんが「妖魔性」についておっしゃったので、少し追加させてい

ただきます。

妖魔の特徴として、霊能力や魔術など、「この世ならざる力」に惹かれるところがあるのですが、結局、それを「自分のために使う」というところがあります。宏洋氏にまったく霊能力がないかといえば、おそらくあるのだろうと思います。それが、「低級霊体質」というか、「悪霊体質」になってはいますが。

これも本当は、正しい信仰心を持ち、正しく修行《しゅぎょう》すれば、高級霊からのインスピレーションを受けられるようになることも、素質としてはありうると思います。ただ、素質としてはそうであったとしても、「自分が大川家の長男だから」とか、「天才だから」とか、「霊能力があるから」とか、そういうふうにうぬぼれ、慢心し、総裁先生から頂いている教えを真面目《まじめ》に学ぶこともなく、心の修行をすることもなかった結果が、現在の姿になっています。

ですので、「指月《しがつ》のたとえ」のとおり、決して教えが間違っているのではないのです。むしろ、教えは正しくて、「原因・結果の法則」のとおりになっていいま

●**指月のたとえ**　「仏陀《ぶっだ》は満月を指し示すが、その満月を見るのは各人である」という釈尊《しゃくそん》の言葉で、「仏陀は法を説くが、行じるか行じないかは各人の問題である」ということのたとえ。

す。

その意味では、私たちも同じで、修行を重ねた結果、今、スピリチュアル・エキスパートとして、霊言というかたちで聖務をさせていただく機会もありますけれども、だからといって、「霊能力があるから、もう修行しなくていいんだ」ということではないというのは、おそらく、今回の座談会（本書）をお読みになれば、よくお分かりいただけると思います。

むしろ、霊道を開けば、よりいっそう、「修行の厳しさ」というか、真剣味が増してまいります。本当に、一歩間違えれば廃人《はいじん》になり、精神病院行きになるでしょうし、老後はボケ老人になりかねない。そういう世界だという〝怖さ〟を知っていますので、今まで知識として勉強していた仏法真理《ぶっぽうしんり》を、実践を通して、魂の深いところまで落とし込むという修行を、今、私たちはさせていただいていると思っています。

そして、ほかの職員のみなさまや信者のみなさまも、そういうふうに修行していらっしゃると思います。

信仰《しんこう》する人をあざ笑うような人間にはなってほしくない

磯野　ですから、正しい教えを信じて、正しい教えを行《ぎょう》じて、それを広げようとしている者を嘲笑《ちょうしょう》するというのは、本当に許されないと思います。それは、宏洋氏に対しても言いたいですし、宏洋氏を利用して三文《さんもん》記事を書いている〝悪徳マスコミ〟に対しても言いたいです。あるいは、そういうものを読んで、宗教に対して偏見を持って嘲笑する方がいるとしたら、そうした、心の薄汚《うすぎたな》い人間にはなっていただきたくないと思います。

どの方も、神様・仏様から、大切な魂、命を頂いて、さまざまな才能を頂いて、魂修行の機会をも頂いています。さらに、「教え」まで頂いているわけです。

総裁先生が「幸福の科学」をつくられ、今、現在進行形でご指導くださっている、このありがたい奇跡に気づいていただきたいのです。数多くの霊言が幸福の科学に降ろされていますが、これは神の恩寵《おんちょう》で、いつの時代でも起こることではないのです。ですから、ぜひ、幸福の科学に来て、正しい教えを学んでいただきたい。

何回生まれ変わっても学べない教えが学べますし、その実践の場も頂いています。それを一笑に付すのではなく、真摯《しんし》に受け止めてください。私たちも、嘘偽りでこんなことをやっているわけではありませんし、演技でやっているわけでもありません。本当に、正直さを旨としてやっています。これは、今後も続けていきます。

総裁先生が「正直さの塊《かたまり》」のような方でいらっしゃいますので、弟子《でし》の私たちも、総裁先生についていこうと思っています。そういう私たちの姿をご覧いただいて、「幸福の科学は、いい宗教だな」というふうに思っていただけたなら、ぜひ、幸福の科学に集《つど》って、一緒に教えを学んでいただきたいなと思っています。

斎藤　ありがとうございます。

今日は、幸福の科学のスピリチュアル・エキスパートを代表するお三方《さんかた》にご参集いただきまして、水面下でのご苦労や、各人が取り組まれている修行について、また、自《みずか》らがつかまれた「悟《さと》り」や「発見」、「霊言について訴えたいメッセージ」などを、さまざまに伺ってまいりました。大いなる学びとなりました。

こうした智慧を私たちもしっかりと学んで、この世とあの世を貫く幸福を実現できますように、努力・精進《しょうじん》してまいりたいと思います。

本日は貴重《きちょう》なお時間を頂戴《ちょうだい》しまして、まことにありがとうございました。

参加者一同　ありがとうございました。

あとがき

驚くような霊的《れいてき》実体験が、続々と語られていく本書は、「常識」という名の価値観に対してコペルニクス的転回を求めてくるところがあります。

しかし、「事実は小説よりも奇なり」という言葉にもあるように、この座談会で語られている厳粛なる事実は、〝想像の産物〟とは明らかに異なっています。

それが伝わってくるのは、座談会で語られるスピリチュアル・エキスパートたちの言葉一つひとつが、個性は違えども、自分に起きている神秘現象を、素直に客観的に観察する「冷静な目」と、ある種の「自己への厳しさ」に裏打ちされているからだと言えましょう。だからこそ、心の奥でつかんだ、「霊言《れいげん》」というものへの確信とリアリティがにじみ出てくるように感じられるのではないでしょうか。

そして、そこには、霊言を「架空《かくう》のもの」――〝劇〟や〝イタコ芸〟――などと批判・揶揄《やゆ》する疑心《ぎしん》をあっさりと打ち砕く「真実の強さ」があると言えます。「事実は事実、真実は真実」という言葉こそ、この座談会で貫かれている理念であると思います。

もう一つ、本書で特徴的なものとして挙げたいのは、座談会で語っている三人のスピリチュアル・エキスパートは、霊的な能力を持ちつつも、この世的な高い実務能力も併せ持って日々に修行《しゅぎょう》を重ね、「神秘性」と「合理性」という矛盾する二つの価値を不思議な力で統合して、実に味わい深い人格を形成されている点です。

「限りなく霊的でありつつも、それを自《みず》ら統御し、地上的にもしっかりとした判断力を持って生きる姿勢」が、真実の霊能者には必要な態度であると大川隆法総裁から教えていただいています。これが、〝不思議な力〟の本質であり、霊的能力のなかで最も大事ともいわれている「漏尽通力《ろじんつうりき》」という霊能力です。常に

「謙虚《けんきょ》さ」と「正直さ」、「精進《しょうじん》」の姿勢で生きる姿がそこにはあります。

本書を読まれて、ご自身も本来持っている霊的な感覚を研ぎ澄まし、霊的生活と知的生活を両立するような生き方を望まれるなら、ぜひ、大川隆法著『漏尽通力』（幸福の科学出版刊）という書を手に取っていただければと思います。そこには、この座談会でスピリチュアリストとして成長を続けている三人の生き方を導いた、人生を豊かにする深い奥義《おうぎ》が分かりやすく説き明かされています。

また、優に千回を超《こ》える「公開霊言」を全世界に発信し続けている大川隆法総裁ご自身の生き方を、さらに知りたい方には、大川咲也加《さやか》著『娘から見た大川隆法』（幸福の科学出版刊）をお薦《すす》めいたします。今まで決して見ることのできなかった大川隆法総裁の水面下での努力・精進の姿や、日々、不惜身命《ふしゃくしんみょう》で生きる「現《げん》成《じょう》の仏陀《ぶっだ》」の姿から、真実の生き方を学ぶことができます。

そして、同じく大川咲也加著『霊界・霊言の証明について考える』（幸福の科学出版刊）という書からも、「霊言」について、本書とはまた違った、いっそう

「総合的・多角的な見方」を学ぶことができるでしょう。「目に見えない世界」に関する疑問に丁寧《ていねい》に答えてくれる一書となっています。

とまれ、本座談会を通じ、読者のみなさまの真実の探究が進み、何らかの参考になることが一つでもあれば、これ以上の喜びはありません。

二〇二〇年　四月

幸福《こうふく》の科学《かがく》 編集系統括担当専務理事《へんしゅうけいとうかつたんとうせんむりじ》　斎藤哲秀《さいとうてっしゅう》

『実体験で語る「霊言の証明」　スピリチュアル・エキスパート座談会』関連書籍

『太陽の法』（大川隆法 著　幸福の科学出版刊）
『黄金の法』（同右）
『永遠の法』（同右）
『信仰の法』（同右）
『生霊論』（同右）
『ザ・コンタクト』（同右）
『釈迦の本心』（同右）
『漏尽通力』（同右）
『嘘をつくなかれ。』（同右）
『幸福の科学の後継者像について』（大川隆法・大川咲也加 共著　同右）
『公開霊言　古代インカの王 リエント・アール・クラウドの本心』（大川隆法 著　同右）

『レプタリアンの逆襲Ⅰ』（同右）
『レプタリアンの逆襲Ⅱ』（同右）
『ローラの秘密』（同右）
『麻原彰晃の霊言』（同右）
『恐怖体験リーディング』（同右）
『アダム・スミス霊言による「新・国富論」
——同時収録 鄧小平の霊言 改革開放の真実——』（同右）
『国家社会主義とは何か——公開霊言 ヒトラー・菅直人守護霊・
胡錦濤守護霊・仙谷由人守護霊——』（同右）
『世界皇帝をめざす男——習近平の本心に迫る——』（大川隆法 著 幸福実現党刊）
『バラク・オバマのスピリチュアル・メッセージ』（同右）
『霊界・霊言の証明について考える』（大川咲也加 著 幸福の科学出版刊）
『娘から見た大川隆法』（同右）

『宏洋問題の「嘘」と真実』（幸福の科学総合本部 編　同右）
『宏洋問題「転落」の真相』（同右）
『宏洋問題「甘え」と「捏造」』（同右）
『宏洋問題を斬る』（同右）
『宏洋問題の深層』（同右）

※左記は書店では取り扱っておりません。最寄りの精舎・支部・拠点までお問い合わせください。
『大川隆法霊言全集』シリーズ（大川隆法 著　宗教法人幸福の科学刊）
『主の使命を支える宇宙人』（同右）
『美について考える』（同右）

実体験《じったいけん》で語《かた》る「霊言《れいげん》の証明《しょうめい》」
スピリチュアル・エキスパート座談会《ざだんかい》

2020年5月1日　初版第1刷

編　者　　幸福の科学総合本部

発行所　　幸福の科学出版株式会社
〒107-0052 東京都港区赤坂2丁目10番8号
TEL(03)5573-7700
https://www.irhpress.co.jp/
印刷・製本　株式会社 研文社

落丁・乱丁本はおとりかえいたします

ISBN978-4-8233-0172-8 C0014

大川隆法ベストセラーズ・霊的世界の真実

太陽の法

エル・カンターレへの道

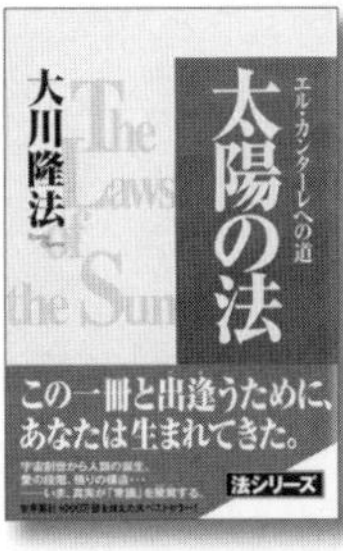

創世記や愛の段階、悟りの構造、文明の流転を明快に説き、主エル・カンターレの真実の使命を示した、仏法真理の基本書。14言語に翻訳され、世界累計1000万部を超える大ベストセラー。

2,000円

永遠の法

エル・カンターレの世界観

すべての人が死後に旅立つ、あの世の世界。天国と地獄をはじめ、その様子を明確に解き明かした、霊界ガイドブックの決定版。

2,000円

神秘学要論

「唯物論」の呪縛を超えて

神秘の世界を探究するなかに、人類の未来を拓く「鍵」がある。比類なき霊能力と知性が可能にした「新しき霊界思想」がここに。

1,500円

霊界・霊言の証明について考える

大川咲也加　著

霊や霊界は本当に存在する――。大川隆法総裁の霊的生活を間近で見てきた著者が、「目に見えない世界」への疑問に、豊富な事例をもとに丁寧に答える。

1,400円

※表示価格は本体価格(税別)です。

生霊論

運命向上の智慧と秘術

人生に、直接的・間接的に影響を与える生霊──。「さまざまな生霊現象」「影響を受けない対策」「自分がならないための心構え」が分かる必読の一書。

1,600円

恐怖体験リーディング

徹底解明「異界」からの訪問者たち

被災地で起きた〝謎の足跡〟現象。小学生が見た〝異界の生物〟。病室に現れた〝巨大な幽霊〟。３つのホラー現象に隠された霊的真相に迫る。

1,400円

心霊現象リーディング

徹底解明
見えざる世界からのコンタクト

謎の手形、金縛り、ポルターガイスト──。時間と空間の壁を超えるリーディングで、その真相を徹底解明。過去と未来をつなぐ神秘のメッセージが明らかに。

1,400円

神秘現象リーディング

科学的検証の限界を超えて

「超能力」「学校の妖怪」「金縛り」「異星人とのコンタクト」……。最高の神秘能力者でもある著者が、超常現象や精神世界の謎を徹底解明！

1,400円

宏洋問題の嘘と真相

宏洋問題を斬る

「内情」を知り尽くした2人の証言

幸福の科学総合本部 編

彼の嘘がこれ以上多くの人を傷つけないように──。公私にわたり宏洋氏を間近に見てきた関係者による証言と反論。実弟の真輝氏・裕太氏の寄稿文も収録。

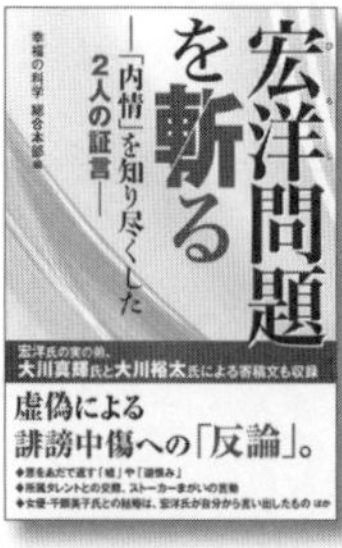

1,400円

宏洋問題の深層

「真実」と「虚偽」をあきらかにする31人の証言

幸福の科学総合本部 編

宏洋氏は、なぜ信仰を冒瀆し、虚偽による誹謗中傷を繰り返すのか。逆恨み、女性問題、セクハラ・パワハラなど、関係者が語る衝撃の「素顔」と「言動」。

1,400円

「文春」の報道倫理を問う

大川隆法　著

ずさんな取材体制、倫理観なき編集方針、女性蔑視体質など、文藝春秋の悪質な実態に迫った守護霊インタビュー。その正義なきジャーナリズムを斬る！

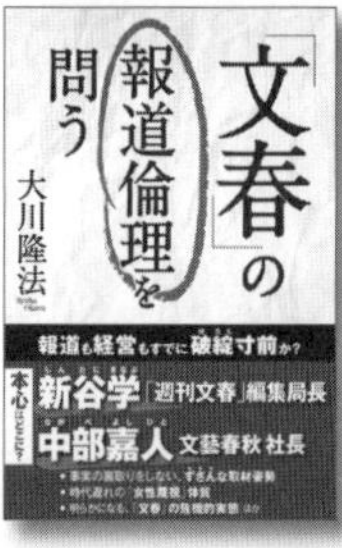

1,400円

徹底反論座談会1・2・3

宏洋問題の「嘘」と真実
宏洋問題「転落」の真相
宏洋問題「甘え」と「捏造」

幸福の科学総合本部 編

宏洋氏の「悪質な虚偽・捏造」「破門の真相」等について、総裁本人と家族、歴代秘書たちが「真実」を検証。宏洋問題への徹底反論座談会シリーズ。

各1,400円

※表示価格は本体価格（税別）です。

大川隆法ベストセラーズ・宗教者としてのあるべき姿

嘘をつくなかれ。

嘘をついても、「因果の理法」はねじ曲げられない――。中国の国家レベルの嘘や、悪口産業と化すマスコミに警鐘を鳴らし、「知的正直さ」の価値を説く。

1,500円

人はなぜ堕ちてゆくのか。

宏洋問題の真相を語る

嫉妬、嘘、自己愛の塊――。人生の反面教師とも言うべき宏洋氏の生き方や、その虚妄を正すとともに、彼の虚言を鵜呑みにする文藝春秋の見識を問う。

1,500円

幸福の科学の後継者像について

大川隆法　大川咲也加　共著

霊能力と仕事能力、人材の見極め方、公私の考え方、家族と信仰――。全世界に広がる教団の後継者に求められる「人格」と「能力」について語り合う。

1,500円

娘から見た大川隆法

大川咲也加　著

幼いころの思い出、家族思いの父としての顔、大病からの復活、そして不惜身命の姿――。実の娘が28年間のエピソードと共に綴る、大川総裁の素顔。

1,400円

幸福の科学出版

大川隆法ベストセラーズ・宗教修行の指針

漏尽通力

現代的霊能力の極致

高度な霊能力の諸相について語った貴重な書を、秘蔵の講義を新規収録した上で新装復刻！ 神秘性と合理性を融合した「人間完成への道」がここにある。

1,700円

真実の霊能者

マスターの条件を考える

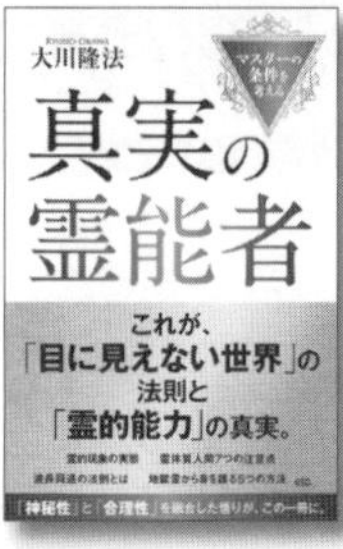

霊能力や宗教現象の「真贋《しんがん》」を見分ける基準はある──。唯物論や不可知論ではなく、「目に見えない世界の法則」を知ることで、真実の人生が始まる。

1,600円

真のエクソシスト

身体が重い、抑うつ、悪夢、金縛り、幻聴──。それは悪霊による「憑依」かもしれない。フィクションを超えた最先端のエクソシスト論、ついに公開。

1,600円

心を磨く

私の生き方・考え方

大川咲也加　著

幸福の科学の後継予定者・大川咲也加が語る、23の「人生の指針」。誠実さ、勤勉さ、利他の心、調和の心など、『日本発の心のバイブル』とも言うべき1冊。

1,400円

※表示価格は本体価格（税別）です。

大川隆法「法シリーズ」・最新刊

鋼鉄の法

法シリーズ 第26作

人生をしなやかに、力強く生きる

自分を鍛え抜き、迷いなき心で、闇を打ち破れ——。
人生の苦難から日本と世界が直面する難題まで、さまざまな試練を乗り越えるための方法が語られる。

2,000円

第１章　繁栄を招くための考え方
——マインドセット編

第２章　原因と結果の法則
——相応の努力なくして成功なし

第３章　高貴なる義務を果たすために
——価値を生んで他に貢献する「人」と「国」のつくり方

第４章　人生に自信を持て
——「心の王国」を築き、「世界の未来デザイン」を伝えよ

第５章　救世主の願い
——「世のために生き抜く」人生に目覚めるには

第６章　奇跡を起こす力
——透明な心、愛の実践、祈りで未来を拓け

幸福の科学の中心的な教え——「法シリーズ」

好評発売中！

幸福の科学出版

※表示価格は本体価格（税別）です。

モナコ国際映画祭2020
最優秀作品賞
(エンジェル・トロフィー賞)
モナコ国際映画祭2020
最優秀主演女優賞
モナコ国際映画祭2020
最優秀助演女優賞
モナコ国際映画祭2020
最優秀VFX賞
ヒューストン国際映画祭2020
長編ファンタジー・ホラー部門
ゴールド賞
エコ国際映画祭2020
inナイジェリア
最優秀作品賞
エコ国際映画祭2020
inナイジェリア
最優秀助演女優賞
心の闇を、打ち破る。
心霊喫茶
「エクストラ」の秘密
—THE REAL EXORCIST—
製作総指揮・原作／大川隆法
千眼美子
伊良子未来 希島凛 日向丈 長谷川奈央 大浦龍宇一 芦川よしみ 折井あゆみ
監督／小田正鏡 脚本／大川咲也加 音楽／水澤有一 製作／幸福の科学出版 製作協力／ARI Production ニュースター・プロダクション
制作プロダクション／ジャンゴフィルム 配給／日活 配給協力／東京テアトル ©2020 IRH Press cafe-extra.jp
2020年5月15日(金) ロードショー

幸福の科学グループのご案内

宗教、教育、政治、出版などの活動を通じて、地球的ユートピアの実現を目指しています。

幸福の科学

一九八六年に立宗。信仰の対象は、地球系霊団の最高大霊、主エル・カンターレ。世界百力国以上の国々に信者を持ち、全人類救済という尊い使命のもと、信者は、「愛」と「悟り」と「ユートピア建設」の教えの実践、伝道に励んでいます。

（二〇二〇年四月現在）

愛

幸福の科学の「愛」とは、与える愛です。これは、仏教の慈悲《じひ》や布施《ふせ》の精神と同じことです。信者は、仏法真理をお伝えすることを通して、多くの方に幸福な人生を送っていただくための活動に励んでいます。

悟り

「悟り」とは、自らが仏の子であることを知るということです。教学《きょうがく》や精神統一によって心を磨き、智慧《ちえ》を得て悩みを解決すると共に、天使・菩薩《ぼさつ》の境地を目指し、より多くの人を救える力を身につけていきます。

ユートピア建設

私たち人間は、地上に理想世界を建設するという尊い使命を持って生まれてきています。社会の悪を押しとどめ、善を推し進めるために、信者はさまざまな活動に積極的に参加しています。

国内外の世界で貧困や災害、心の病で苦しんでいる人々に対しては、現地メンバーや支援団体と連携して、物心両面にわたり、あらゆる手段で手を差し伸べています。

年間約２万人の自殺者を減らすため、全国各地で街頭キャンペーンを展開しています。

公式サイト **www.withyou-hs.net**

ヘレン・ケラーを理想として活動する、ハンディキャップを持つ方とボランティアの会です。視聴覚障害者、肢体不自由な方々に仏法真理を学んでいただくための、さまざまなサポートをしています。

公式サイト **www.helen-hs.net**

入会のご案内

幸福の科学では、大川隆法総裁が説く仏法真理《ぶっぽうしんり》をもとに、「どうすれば幸福になれるのか、また、他の人を幸福にできるのか」を学び、実践しています。

入 会

仏法真理を学んでみたい方へ

大川隆法総裁の教えを信じ、学ぼうとする方なら、どなたでも入会できます。入会された方には、『入会版「正心法語《しょうしんほうご》」』が授与されます。

ネット入会 入会ご希望の方はネットからも入会できます。

happy-science.jp/joinus

三帰《さんき》誓願《せいがん》

信仰をさらに深めたい方へ

仏弟子としてさらに信仰を深めたい方は、仏《ぶっ》・法《ぽう》・僧《そう》の三宝《さんぽう》への帰依を誓う「三帰誓願式」を受けることができます。三帰誓願者には、『仏説・正心法語』『祈願文《きがんもん》①』『祈願文②』『エル・カンターレへの祈り』が授与されます。

幸福の科学 サービスセンター
TEL 03-5793-1727 （受付時間／火～金：10～20時 土・日祝：10～18時（月曜を除く））

幸福の科学 公式サイト
happy-science.jp

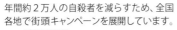

仏法真理塾「サクセスNo.1」

全国に本校・拠点・支部校を展開する、幸福の科学による信仰教育の機関です。小学生・中学生・高校生を対象に、信仰教育・徳育にウエイトを置きつつ、将来、社会人として活躍するための学力養成にも力を注いでいます。

TEL 03-5750-0751（東京本校）

エンゼルプランV TEL 03-5750-0757

幼少時からの心の教育を大切にして、信仰をベースにした幼児教育を行っています。

不登校児支援スクール「ネバー・マインド」 TEL 03-5750-1741

心の面からのアプローチを重視して、不登校の子供たちを支援しています。

ユー・アー・エンゼル!（あなたは天使!）運動

一般社団法人 ユー・アー・エンゼル TEL 03-6426-7797

障害児の不安や悩みに取り組み、ご両親を励まし、勇気づける、
障害児支援のボランティア運動を展開しています。

NPO活動支援

いじめから子供を守ろうネットワーク

学校からのいじめ追放を目指し、さまざまな社会提言をしています。また、各地でのシンポジウムや学校への啓発ポスター掲示等に取り組む一般財団法人「いじめから子供を守ろうネットワーク」を支援しています。

公式サイト mamoro.org ブログ blog.mamoro.org

相談窓口 TEL.03-5544-8989

百歳まで生きる会

「百歳まで生きる会」は、生涯現役人生を掲げ、友達づくり、生きがいづくりをめざしている幸福の科学のシニア信者の集まりです。

シニア・プラン21

生涯反省で人生を再生・新生し、希望に満ちた生涯現役人生を生きる仏法真理道場です。定期的に開催される研修には、年齢を問わず、多くの方が参加しています。全世界212カ所（国内197カ所、海外15カ所）で開校中。

【東京校】TEL 03-6384-0778 FAX 03-6384-0779
メール senior-plan@kofuku-no-kagaku.or.jp

幸福実現党

内憂外患《ないゆうがいかん》の国難に立ち向かうべく、2009年5月に幸福実現党を立党しました。創立者である大川隆法党総裁の精神的指導のもと、宗教だけでは解決できない問題に取り組み、幸福を具体化するための力になっています。

党の機関紙
「幸福実現NEWS」

幸福実現党 釈量子サイト **shaku-ryoko.net**
Twitter **釈量子@shakuryoko**で検索

幸福実現党 党員募集中

あなたも幸福を実現する政治に参画しませんか。

○幸福実現党の理念と綱領、政策に賛同する18歳以上の方なら、どなたでも参加いただけます。

○党費：正党員（年額5千円［学生 年額2千円］）、特別党員（年額10万円以上）、家族党員（年額2千円）

○党員資格は党費を入金された日から1年間です。

○正党員、特別党員の皆様には機関紙「幸福実現NEWS（党員版）」（不定期発行）が送付されます。

＊申込書は、下記、幸福実現党公式サイトでダウンロードできます。
住所：〒107-0052　東京都港区赤坂2-10-8 6階 幸福実現党本部
TEL **03-6441-0754**　FAX **03-6441-0764**
公式サイト **hr-party.jp**

大川隆法　講演会のご案内

大川隆法総裁の講演会が全国各地で開催されています。講演のなかでは、毎回、「世界教師」としての立場から、幸福な人生を生きるための心の教えをはじめ、世界各地で起きている宗教対立、紛争、国際政治や経済といった時事問題に対する指針など、日本と世界がさらなる繁栄の未来を実現するための道筋が示されています。

2019 年 12 月17 日 さいたまスーパーアリーナ「新しき繁栄の時代へ」

2019年10月6日 ザ ウェスティン ハーバーキャッスル トロント（カナダ）「The Reason We Are Here」

2019年7月5日 福岡国際センター「人生に自信を持て」

2019年3月3日 グランド ハイアット 台北（台湾）「愛は憎しみを超えて」

2019年7月13日 ホテル イースト21 東京「幸福への論点」

講演会には、どなたでもご参加いただけます。
最新の講演会の開催情報はこちらへ。 ⟹ 大川隆法総裁公式サイト https://ryuho-okawa.org